AF501969

LES

INTÉRÊTS FRANÇAIS

DANS L'OCÉAN PACIFIQUE

PAR

PAUL DESCHANEL

DÉPUTÉ

I. — Mission catholique des Gambier. — Archipels des Tuamotus, des Marquises, Tubuaï, Cook, Wallis. — Ile Rapa, etc.

II. — Les Nouvelles-Hébrides. — Géographie. — Histoire. — Colonisation française. — Libérés et récidivistes. — Politique de l'Australie. — Négociations anglo-françaises.

BERGER-LEVRAULT ET Cie, ÉDITEURS

5, RUE DES BEAUX-ARTS | MÊME MAISON
PARIS | NANCY

1888

LES

INTÉRÊTS FRANÇAIS

DANS L'OCÉAN PACIFIQUE

DU MÊME AUTEUR

La Question du Tonkin. — L'Annam et les Annamites; Histoire, Institutions, Mœurs. — Origines et développement de la question du Tonkin. — Politique de la France, de l'Angleterre, de la Chine. — Le protectorat français.
Un volume in-12 de 500 pages, 1883.

EN PRÉPARATION : *Nouvelle édition revue et augmentée.*

La Politique française en Océanie à propos du canal de Panama, avec une lettre de M. FERDINAND DE LESSEPS. — L'archipel de la Société. — Colonisation française : Tahiti et le canal de Panama. — L'Allemagne en Océanie : Politique coloniale de M. de Bismarck. — Politique de l'Angleterre : Les îles sous le Vent et la question de Terre-Neuve.
Un volume in-12 de 624 pages, 1884.

Nancy, imp. Berger-Levrault et Cie.

LES

INTÉRÊTS FRANÇAIS

DANS L'OCÉAN PACIFIQUE

PAR

PAUL DESCHANEL

DÉPUTÉ

I. — Mission catholique des Gambier. — Archipels des Tuamotus, des Marquises, Tubuaï, Cook, Wallis. — Ile Rapa, etc.

II. — Les Nouvelles-Hébrides. — Géographie. — Histoire. — Colonisation française. — Libérés et récidivistes. — Politique de l'Australie. — Négociations anglo-françaises.

BERGER-LEVRAULT ET Cie, ÉDITEURS

5, RUE DES BEAUX-ARTS | MÊME MAISON
PARIS | NANCY

1888

Ce volume fait suite à celui que nous avons publié en 1884 sous ce titre : *La Politique française en Océanie à propos du canal de Panama*, et dans lequel nous avons étudié l'archipel de la Société. Depuis lors, les entreprises de l'Angleterre et de l'Allemagne dans l'Océan Pacifique n'ont prouvé que trop clairement la légitimité de nos préoccupations. Nous avons eu, d'ailleurs, la satisfaction de constater que ces sortes de travaux ne sont pas inutiles à la France, puisque deux des affaires dont nous avions réclamé la solution ont été réglées conformément aux conclusions que nous avions émises : celle des îles Wallis et celle des îles sous le Vent.

Aujourd'hui, et dans le même dessein, nous

raconterons le roman de la mission catholique des Gambier, — l'un des épisodes les moins connus et les plus curieux de notre histoire coloniale; — nous ferons voir l'importance commerciale de notre possession des Tuamotus, trop négligée jusqu'ici; puis, après quelques observations sur les Marquises et sur les archipels voisins de notre colonie polynésienne, nous nous transporterons en Mélanésie, et nous exposerons la question des Nouvelles-Hébrides, depuis ses origines jusqu'à la convention anglo-française du 24 octobre 1887.

ERRATA

Page 157, ligne 17. — Au lieu de : *Quand nous aurons tranché*, — lire : *Après avoir tranché.*

Page 165, ligne 22. — Au lieu de : *sont, à nos yeux*, — lire : *étaient, à nos yeux.*

Page 322, ligne 1. — Supprimer ces mots : *ce que nous coûte encore.*

PREMIÈRE PARTIE

POLYNÉSIE

L'ARCHIPEL GAMBIER

L'ARCHIPEL GAMBIER

CHAPITRE PREMIER

LE PAYS. — LES HABITANTS. — ARRIVÉE DES MISSIONNAIRES CATHOLIQUES (1834). — ÉTABLISSEMENT DU PROTECTORAT FRANÇAIS (1844). — LE PÈRE CYPRIEN LIAUSU. — DÉBUTS DU PÈRE LAVAL (1844-1861).

I

Le pays. — Les habitants.

Le groupe des Gambier, situé par 23° latitude sud et par 137° longitude ouest, est formé de quatre petites îles volcaniques, *Mangareva* au nord, *Akamaru* et *Aukena* à l'est, *Taravaï* à l'ouest, et de quelques rochers inhabités[1]. Il occupe une

1. Mangareva a 4 milles de longueur sur 1 de largeur ; les autres îles ont de 1 mille à 1 mille et demi d'étendue. Mangareva renferme 7 villages ; le plus important, chef-lieu de l'île, résidence de la mission, a une cinquantaine de cases, et de 150 à 200 habitants.

étendue d'environ 15 milles sur 13. Il est entouré d'une ceinture de récifs madréporiques de 40 milles de tour, couverts de cocotiers et de pandanus, formant une rade de 18,000 hectares où peuvent entrer, par trois passes, les plus grands navires. Toutes les îles sont inclinées vers la rade, ce qui indique qu'un affaissement s'est produit en cet endroit; la mer intérieure est sans doute l'emplacement d'un ancien cratère.

Au sud-est des Gambier gît une petite île basse, madréporique, déserte, l'île Crescent, où les indigènes vont faire la pêche et chercher des pandanus; on peut la considérer comme faisant partie du groupe mangarévien.

Par leur position géographique, les îles Gambier forment l'extrémité sud-est de l'archipel des Tuamotus; mais leur constitution géologique est toute différente : les Tuamotus sont des îles basses formées par les madrépores sur les crêtes d'une immense chaîne de montagnes sous-marines, tandis que les Gambier sont les sommets volcaniques de cette même chaîne émergeant au-dessus des flots. Le point culminant est le mont Duff (400 mètres), à Mangareva.

Cette île, la plus importante du groupe, est traversée dans sa longueur par une chaîne aux sommets abrupts et dénudés; les pentes portent quelques herbes jaunâtres où broutent des troupeaux de moutons et de chèvres; le goyavier même y est chétif. Au pied des montagnes, les pluies ont formé, çà et là, d'étroites bandes de terre cultivable où viennent l'arbre à pain, l'oranger, le citronnier, le cocotier et le caféier ployant sous les fruits; le cotonnier réussirait sans l'inertie des habitants. Telles sont, avec quelques pieds de canne à sucre, quelques plantations de manioc, de patates douces et de courges, les principales productions du pays.

La richesse des Gambier consistait surtout dans la vente des nacres et des perles fines; l'huître perlière y abondait. Il y a quelques années, le groupe pouvait fournir chaque année 500 tonneaux de nacre au prix de 700 fr. l'un, rendu à bord; c'était donc un revenu minimum de 350,000 fr. Le produit des perles pouvait être évalué à 20,000 fr.; malheureusement, depuis quelque temps, les bancs commencent à s'épuiser.

Les indigènes sont de race polynésienne : teint bronzé, cheveux lisses, nez épaté. Leurs traditions les font venir du nord et de l'ouest. Leur langue est un dialecte de la langue maorie, assez différent du dialecte tahitien, plutôt analogue à celui des Tuamotus et surtout à celui de la Nouvelle-Zélande. Les Néo-Zélandais et les Mângaréviens s'entendent fort bien. Les vieilles chansons du pays font mention de la Nouvelle-Zélande, de Tahiti, des Tubuaï, des Tonga, ce qui donne à penser que des relations ont existé jadis entre ces divers archipels.

Dumont d'Urville estimait la population totale à 2,000 habitants, soit 1,500 pour Mangareva, 200 pour Taravaï, 200 pour Akamaru et 100 pour Aukena. Vers le même temps (1838), la mission fit une sorte de dénombrement qui donna le chiffre de 2,141. En 1871, ils n'étaient plus que 936 (650 à Mangareva, 130 à Taravaï, 129 à Akamaru, 27 à Aukena). Ils avaient donc diminué de 1,205, c'est-à-dire de plus de moitié, en trente-trois ans. A partir de 1871, la décadence a été encore plus rapide : ils ne sont plus aujourd'hui que 446. Une hygiène déplorable, la plonge, les alliances consanguines, ont engendré et propagent la phthisie qui les tue. Les plus âgés n'ont pas plus de 45 ans.

II

Arrivée des missionnaires catholiques (1834).

Les îles Gambier furent aperçues en 1572 par Fernandez, en 1606 par Queiros, et découvertes en 1797 par Wilson, qui, redoutant les écueils, passa au large. Beechey, le premier, les visita en 1826.

En 1834, un capitaine de navire de commerce chilien, M. Mauruc[1], qui, depuis plusieurs années, exploitait l'archipel des Tuamotus et avait noué des relations d'amitié avec les indigènes des Gambier, rencontra à Valparaiso les PP. François d'Assise Caret, Columban Murphy et Honoré Laval, missionnaires de la maison de Pic-

1. « C'est un des hommes qui, avec le capitaine Rousseau, ont rendu le plus de services au commerce français de l'Océanie. Ils ont été les premiers à exploiter l'archipel des Tuamotus, et ils ont fourni sur la navigation de ces parages de nombreux et très utiles renseignements. Notre compatriote Rousseau est le navigateur qui a donné sur les Tuamotus les plus précieuses indications. On lui doit une excellente carte de cet archipel très estimée et recherchée par nos officiers de marine. » (*Voyage aux îles Gambier*, par Gilbert Cuzent. 1 vol. Paris, V. Masson, 1872, p. 40.)

pus, qui venaient d'arriver dans cette ville. Il leur parla de l'île Aukena, et les engagea à aller s'y établir. Munis de ses recommandations et de cadeaux, ces religieux se rendirent aux Gambier et y débarquèrent le 7 août 1834. M. Gilbert Cuzent a fait un piquant récit de leurs débuts :

Les insulaires d'Aukena firent un cordial accueil aux envoyés de leur ami. Ils s'empressèrent de leur construire une grande case en roseaux, où les missionnaires érigèrent leur premier autel. Ils vécurent là heureux et sans être inquiétés ; les insulaires se disputaient le privilège d'aller à la pêche pour les nourrir ; c'était à qui pourvoirait à leurs besoins.

Dès que les Pères surent parler la langue du pays, ils nouèrent des relations avec les habitants de Mangareva. Le roi leur prépara une excellente réception, leur donna une case, et poussa la générosité jusqu'à leur offrir à chacun une jeune fille pour compagne : le grand roi Maputeo ne comprenait pas autrement l'hospitalité. Ce présent inattendu embarrassa fort nos religieux ; ils n'osaient refuser, dans la crainte d'irriter le monarque : ils s'inclinèrent donc respectueusement, et rentrèrent chez eux, suivis des jeunes filles.

La foule est curieuse en tout pays. Les habitants entourent la case ; quelques-uns, plus hardis, s'y installent, chuchotant, accroupis sur le sol. Les missionnaires, ne sachant comment lasser la curiosité de ces importuns, s'agenouillent pour prier.

Les jeunes femmes ne comprennent rien à cette pratique religieuse en un pareil moment; elles rient d'abord; puis, comme la méditation se prolonge, elles se fâchent: les malheureux, assez inquiets sur le dénouement de cette scène, n'osent changer de posture. Enfin, harassés de fatigue, ils profitent de la tombée de la nuit pour se sauver, et gagnent précipitamment le mont Duff. Les femmes, furieuses d'être ainsi dédaignées, vont se plaindre et demander vengeance au roi, qui commande de poursuivre sur l'heure ces insolents.

Tout le village court, la torche à la main, à leur poursuite : on met le feu aux herbes ; la montagne s'embrase; la flamme gagne les sommets ; les fuyards sont entourés d'un cercle de feu; ils aperçoivent un abri dans les rochers et s'y blottissent.

Sur ces entrefaites, une forte pluie d'orage chasse les indigènes et éteint le vaste brasier... Après être restés cachés plusieurs jours dans leur grotte, les missionnaires descendent un soir au rivage, retrouvent, à leur grande surprise, leur embarcation intacte et regagnent Aukena en toute hâte.

Peu de temps après, le fils du roi Maputeo, étant allé à Aukena, y tomba dangereusement malade ; profitant de cette occasion de rentrer en grâce et de fléchir la colère du roi, les missionnaires soignèrent de leur mieux le jeune prince et le guérirent : Maputeo reconnaissant leur permit de revenir à Mangareva.

C'est alors que le chef Matua, grand sacrificateur et grand-prêtre des idoles, fut baptisé : il devint le premier chrétien de l'île, sous le nom de Maria-Tepano (Marie-Étienne), à la condition que les blancs l'aideraient dans les guerres qu'il avait à soutenir contre les habitants des îles voisines.

Chassés encore une fois de Mangareva, les Pères restèrent à Aukena jusqu'à l'arrivée d'un capitaine américain : une rixe ayant eu lieu entre son équipage et la population indigène, ils intervinrent pour rétablir l'ordre, et le roi les autorisa de nouveau à habiter l'île.

A partir de cette époque, la mission s'implanta définitivement dans l'archipel : alors arrivèrent de France M. Rochouse, évêque de Nicopolis; les PP. Cyprien Liausu, Armand Chosson, Guillemard; un frère lai, le vicomte Urbain Florit de La Tour, et deux habiles ouvriers, les frères Gilbert Soulié et Fabien (1836). La mission fut établie sous l'invocation de Notre-Dame de la Paix.

Munis d'un matériel d'imprimerie, les missionnaires éditèrent des livres à l'usage des insulaires. Maputeo Ier ne tarda pas à être baptisé; on le nomma Gregorio, du nom du pape régnant (Grégoire XVI).

Les PP. Caret et Laval ayant terminé leur tâche aux Gambier, l'évêque les envoya à Tahiti sur un navire anglais.

Nous avons retracé, dans notre précédent ouvrage, les troubles que suscita leur arrivée dans cette île et les événements qui en résultèrent : l'affaire Pritchard, et l'établissement du protectorat français sur les îles du Vent le 19 septembre 1842.

III

Établissement du protectorat français (1844). — Le P. Cyprien Liausu. — Débuts du P. Laval (1844-1861).

L'année suivante, l'amiral Dupetit-Thouars envoya de Papeete à Mangareva la frégate *la Charte* sous le commandement du capitaine de vaisseau Ch. Penaud; cet officier prit possession de l'archipel Gambier au nom de la France.

Le P. Cyprien Liausu rédigea une demande

de protectorat, qu'il fit adresser par les chefs au commandant Penaud :

Nous soussignés, le roi et les grands chefs des îles Mangareva, ayant, par conviction, embrassé la religion catholique apostolique et romaine, déclarons solennellement vouloir former un État libre et indépendant sous la protection immédiate de S. M. Louis-Philippe Ier, roi des Français, et, afin de manifester notre union avec la France, demandons à prendre le pavillon de la grande nation qui nous a initiés à la civilisation.

Fait à Mangareva, le 16 février 1844.

Signé : Au Keretorio Maputeo, A. Akaraki, Tona Tagata, Tako Matia, Temaputauki.

Nous, soussigné, Penaud (Charles), capitaine de vaisseau, chevalier de la Légion d'honneur, commandant la frégate *la Charte*,

Déclarons, en présence du roi, des grands chefs des îles Mangareva et du R. P. Liausu (Cyprien), que nous acceptons, sauf la ratification du roi et de son gouvernement, le protectorat des îles Mangareva, qui nous est offert, et que nous nous empressons de transmettre cet acte à M. le contre-amiral Dupetit-Thouars, commandant en chef la station navale de France dans l'Océan Pacifique, à l'effet de le faire parvenir dans le plus bref délai à S. M. le roi des Français.

Fait à Mangareva, le 16 février 1844.

Signé : Penaud, Liausu.

Le 12 décembre suivant, M. Bruat, gouverneur des établissements français de l'Océanie, nomma le P. Liausu son délégué aux Gambier, et l'accrédita en cette qualité auprès du roi Maputeo.

Ce religieux était simplement chargé de développer dans les îles, sous la protection de notre pavillon, les germes de civilisation que le christianisme y avait déjà déposés. L'administration locale devait se borner à faire visiter fréquemment l'archipel par les bâtiments de la subdivision.

Le P. Liausu réalisa quelques progrès : une partie des terres arables fut mise en culture ; un grand nombre de constructions en pierre remplacèrent les huttes primitives ; une espèce de code apporta quelques garanties de régularité à l'organisation de la justice. Malheureusement, l'esprit de modération relative qui paraissait animer le P. Cyprien n'était pas partagé par tous les missionnaires placés sous ses ordres ; et, dans les très vagues et très incomplets renseignements que l'on possède sur cette période, on trouve déjà la trace de l'influence fâcheuse du P. Laval, qui, revenu de Tahiti, allait devenir par la suite le chef de la mission, et du vicomte Florit de La Tour ; celui-ci réussit à s'emparer de l'esprit du roi et des chefs, et troubla le pays de telle sorte que le P. Cyprien dut réclamer, inutilement d'ailleurs, l'éloignement de cet aventurier.

Rappelé en France, le P. Liausu mourut à Valparaiso, à l'établissement de la mission, dans les premiers mois de 1854. Le roi Maputeo mourut à son tour le 20 juin 1857, et laissa la régence à sa femme, Maria-Eutokia (Marie-Eudoxie), jusqu'à la majorité de son fils Joseph, qui n'avait alors que dix ans.

Le P. Laval, bien que n'ayant reçu du commandant de nos établissements aucun des pouvoirs politiques attribués à son prédécesseur, prit en main la gestion des affaires ; et ces îles, où flottait le pavillon français, se trouvèrent, de fait, abandonnées.

La politique du gouvernement ayant changé en 1844, par suite des débats relatifs aux incidents de Tahiti, qui avaient compromis un instant l'existence du cabinet Guizot, des instructions en sens contraire avaient été adressées à nos officiers, et les traités passés par eux dans l'ignorance de ce changement n'avaient pas été ratifiés. Le P. Laval, laissé maître du terrain, se rapprocha du vicomte de La Tour, et tout l'archipel, chefs et sujets, tomba sous leur autorité combinée.

Les indigènes, soumis à une réglementation tracassière, furent privés de toute liberté, le pays fut mis en coupe réglée, la mission s'arrogea le monopole du commerce des nacres et des échanges avec les indigènes, des mesures habilement prises rendirent presque impossible la concurrence des quelques Européens établis dans le pays.

Maria-Eutokia était d'une dévotion aveugle; elle s'en remit en tout et pour tout à la direction du P. Laval, qui prit sur elle un ascendant absolu et la réduisit au même dénûment que ses sujets. Cette malheureuse était vêtue de haillons, à peine nourrie; et cependant le revenu annuel brut des îles était alors d'environ 125,000 fr., sur lesquels il devait lui en revenir 40,000 net.

En 1861, M. de La Richerie, commandant de nos établissements, écrivait au ministre:

> Il s'est présenté un fait beaucoup plus grave que tout ce que j'aurais pu imaginer, je veux dire la loi de fustigation. Devant un acte pareil, sous notre drapeau, j'ai adressé à la régente une défense formelle de l'appliquer à des Européens, en ajoutant que, si un acte aussi barbare venait à être commis, je le réprimerais aussitôt.

Et M. il ajoutait:

> J'arrive forcément à cette conclusion : ou retirer no-

tre drapeau, ou placer un résident aux Gambier. Quant au premier parti, je crois qu'il n'est pas admissible ; il faudrait donc se résoudre à y former un petit établissement administratif (17 mai 1861).

L'autorisation ne fut pas accordée par le ministre, et la proposition n'eut point de suite; mais le simple avertissement donné à la régente par M. de La Richerie éveilla la susceptibilité de la mission, qui fit aussitôt parvenir des plaintes contre nos officiers, par l'organe de cette malheureuse, jusqu'à l'impératrice.

Cet état de choses aurait pu se prolonger indéfiniment (car, de 1845 à 1861, on ne trouve ni dans les cartons de l'administration des colonies ni dans les archives du gouvernement local aucune trace de correspondance relative aux Gambier), si, en cette année même, en 1861, un nouveau scandale n'avait obligé le ministère à intervenir.

CHAPITRE II

AFFAIRE PIGNON (1861). — ENQUÊTE LA RONCIÈRE; MISSION DES RÉSIDENTS LAURENCIN ET HIPPOLYTE (1865-1867).

I

Affaire Pignon. — Enquête La Roncière.

Un Français, le sieur Pignon, fixé à Mangareva depuis 1849, y avait gagné environ 160,000 fr., lorsqu'en 1860, pendant un voyage qu'il faisait au Chili, son neveu, le sieur Dupuy, représentant de sa maison, fut arrêté, mis en prison et condamné, sans preuve aucune, pour recel d'objets volés par un indigène, puis embarqué de force à bord d'un navire étranger, et transporté à Valparaiso. La maison du sieur Pignon fut fermée par ordre de la régente, et, à son retour, ce négociant trouva sa femme et ses enfants dans une extrême détresse : défense avait été faite aux indigènes de leur donner ou de leur vendre des vivres. La régente signifia au sieur Pignon, dès son arrivée, d'avoir à quitter l'île : elle fit détruire sa maison et les travaux qu'il avait entrepris pour gagner un terrain sur la mer ; ses marchandises furent saisies, et lui-même et sa famille furent expulsés des Gambier après avoir perdu le fruit de douze années de travail.

Pour justifier ces actes, le P. Laval s'appuyait sur l'article 8 d'une loi de Maputeo, du 27 septembre 1856, portant que tout étranger arrivant aux Gambier devait signer une déclaration ainsi conçue :

« Je consens à être renvoyé des îles si je tiens une conduite contraire aux usages et aux lois du pays, *si même seulement je me rends suspect à l'autorité des lieux, sous quelque rapport que ce soit.* »

C'était la loi des suspects, la négation de toute justice.

Lorsque, à la fin de 1863, les plaintes de Pignon et de Dupuy parvinrent à l'administration métropolitaine, le ministre de la marine et des colonies ordonna une enquête. La commission envoyée sur les lieux, après avoir reconnu fondées en fait les réclamations de nos nationaux, conclut à ce que la régente fût tenue de laisser Dupuy rentrer à Mangareva, de restituer à Pignon ses terrains, de reconstruire sa maison et de lui payer des dommages et intérêts à fixer par le commissaire impérial.

La régente et ses conseils déclarèrent ne pas admettre les conclusions de l'enquête et en appelèrent à l'empereur. M. de Chasseloup-Laubat donna alors au nouveau commandant de nos établissements, le comte de La Roncière, l'ordre de se rendre à Mangareva avec une escorte.

On éprouve un sentiment de tristesse, dit M. de La Roncière dans son rapport, à l'aspect de ces hommes à peine couverts de haillons, de ces femmes aux vêtements déchirés, aux cheveux en désordre, entourés d'enfants presque nus.

Une sorte d'hébétement, que M. Laval, dans ses illusions, appelle de la dignité, se lit sur ces physionomies... Les églises et les chapelles abondent; bâties en pierres, elles sont meublées et décorées avec des nacres; pour édifier ces constructions, on a presque fait un maçon de chaque habitant... Les autres habitations ne sont que de misérables cases, qui manquent souvent d'un et même de deux côtés.

Le commissaire impérial adressa des observations au P. Laval au sujet d'une affiche publiée à Mangareva, et où « il était ordonné de flageller tout indigène, tout Européen ou Français qui chercherait à quitter l'île ». Le missionnaire réclama contre le mot *Européen;* mais il reconnut, d'ailleurs, que cette peine était appliquée régulièrement aux indigènes.

Le commandant, en visitant les prisons, constata que les détenus qui s'y trouvaient avaient été condamnés à deux ou trois mois de cachot pour avoir embrassé des filles.

Sur la question d'argent, M. de La Roncière, après avoir évalué à plus d'un million le revenu accumulé par la régente depuis une trentaine d'années, s'exprimait ainsi :

> Il me serait certainement impossible de dire ce qu'elle a pu faire de cette somme ; mais ce que j'affirme, c'est que la tenue de sa maison, sa manière de vivre (la même que celle de son peuple), n'ont jamais pu absorber une faible partie d'un tel revenu.

Le 21 septembre 1865, il conclut avec la régente un traité fixant le chiffre de l'indemnité due à MM. Pignon et Dupuy. Cette somme devait être payée par annuités, de six mois en six mois. Maria-Eutokia, poussée par la mission, exécuta si bien le traité, qu'il fallut enfin envoyer à Mangareva un résident, M. Laurencin, appuyé d'une force militaire (décembre 1865).

II

Nos résidents aux Gambier.

Avant l'arrivée du résident, les habitants des villages voisins du port avaient été chassés de l'autre côté des montagnes par ordre de la régente; le couvent de la mission regorgeait de jeunes filles. Les quelques jeunes femmes qui restaient aux environs du navire étaient séparées de leurs maris et de leurs mères, et enfermées à clef, chaque soir, dans une grande maison en pierres, sous la surveillance de la police. Dans toutes les baies où paraissaient nos officiers, on prenait aussitôt les mêmes mesures : toutes les femmes étaient enfermées, il ne restait au dehors que les vieilles.

Je savais, dit le commandant de la *Dorade,* chargé d'installer le résident, que le P. Laval nous faisait tendre des pièges : il exhortait les indigènes à nous frapper si nous cherchions à entrer dans leurs cases. Nous ne pouvions faire un pas sans être épiés par ses affidés, qui repoussaient les petits enfants attirés par nos cadeaux. On cherchait à nous éloigner par une surveillance blessante et tracassière ; on nous livrait les vivres à un taux exagéré, on accaparait toutes les volailles pour nous les revendre hors de prix, et l'on prétendait n'avoir pas de viande fraîche à nous donner, alors que 600 chèvres et autant de moutons dévastaient les collines et empêchaient le reboisement des montagnes.

Enfin, pour comble d'insolence, deux insulaires s'étant mis en relations avec les Français, la régente les fit jeter dans un des trente-quatre bouges infects qu'elle décorait du nom de prisons et condamner à une forte amende.

Le commandant demanda aussitôt les extraits du jugement, protesta contre la façon dont il avait été rendu, et profita de l'incident pour instituer un conseil de régence et promulguer une sorte de code.

Le P. Laval, comme on peut le croire, vécut en fort mauvais termes avec notre représentant, de même qu'avec le successeur de celui-ci[1]. Les rapports de ces officiers témoignent de l'hostilité persistante, ouverte, de la mission contre l'influence française.

De nombreux conflits éclatèrent, et l'un des missionnaires, le P. Barnabé, alla un jour jusqu'à

1. M. Hippolyte, enseigne de vaisseau.

déchirer, en présence du résident, une affiche officielle que celui-ci avait fait apposer.

Le 30 septembre 1867, le ministre de la marine écrivit au Supérieur général de la congrégation de Picpus pour demander le remplacement de l'évêque d'Axieri, chef de la mission d'Océanie, qui, au lieu de modérer le P. Laval, l'excitait ; le supérieur donna au ministre quelques bonnes paroles, et ne fit rien.

Dans cette situation, le gouvernement impérial pouvait choisir entre deux politiques, comme le lui avait proposé M. de La Richerie cinq ans auparavant : ou renoncer à un protectorat compromettant qui pouvait faire naître un conflit avec une puissance étrangère ; ou exiger le départ du P. Laval et assurer le respect du pavillon et la prééminence de nos représentants. On ne fit ni l'un ni l'autre : on conserva le protectorat, et l'on céda la place à la mission ; la régente ayant payé une partie de l'indemnité Pignon, on lui fit remise du reste, et l'on retira le résident.

Un nouvel éclat ne tarda pas à prouver combien cette mesure était impolitique : en 1868, le P. Laval, pour un motif des plus futiles, prononça l'excommunication *à l'antique* contre deux Français, le capitaine Martin et le pilote Daniel

Guilloux, le seul Européen habitant Mangareva, et fit exécuter cette sentence par la force. Cet acte de violence souleva une telle indignation à Tahiti, que l'évêque dut remplacer officiellement le P. Laval, comme chef de la mission, par le P. Nicolas Blanc, qui résidait à Aukena : le premier devait ainsi passer sous les ordres du second.

Cette mesure fut accueillie à Tahiti avec une vive satisfaction, et l'on crut en France que ce remplacement était sérieux ; mais le P. Laval, loin d'abandonner Mangareva et la direction de l'île au nouveau provicaire, déclara en chaire que, « s'il n'était plus Supérieur de la mission, il restait et resterait toujours le directeur, le père de ceux qu'il avait convertis à la foi du Christ ». Ces paroles furent confirmées par la conduite du P. Nicolas, qui, au lieu de venir s'établir au chef-lieu de l'archipel, continua de diriger le collège d'Aukena. Ce prétendu changement n'était qu'un simulacre, une comédie ; et l'archipel retomba sous le joug de fer du P. Laval.

CHAPITRE III

SITUATION MATÉRIELLE ET MORALE DES ILES GAMBIER SOUS LA DOMINATION DU PÈRE LAVAL.

I

Menées du P. Laval contre la France.

Sur ces entrefaites, le jeune roi Joseph, le fils de Gregorio Maputeo, qui, depuis trois ans déjà, aurait dû exercer le pouvoir[1], mourut en exil, à Aukena. Ce malheureux, élevé au collège de la mission, tenu à l'écart de toutes les affaires, n'avait paru à Mangareva qu'à de bien rares intervalles, malgré le désir du peuple, qui le demandait. Le seul acte de souveraineté qu'il eût

1. Il était né le 26 avril 1847 ; il aurait dû être mis en possession de la couronne au mois d'avril 1865, à 18 ans, suivant la loi du pays.

fait avait été d'apposer sa signature au bas d'une donation de terrains à l'évêque d'Axieri.

Maria-Eutokia entra dans un couvent et laissa la régence à un cousin de Maputeo, nommé Akakio. Ce chef, absolument dévoué aux missionnaires, n'avait à cette dignité que des droits très inférieurs, comparés à ceux du frère encore vivant de Maputeo et de ses fils, que les traditions nationales appelaient au pouvoir. Néanmoins, on n'osa élever publiquement aucune protestation, et l'autorité nouvelle d'Akakio fut partout reconnue.

Pendant que le P. Laval divisait pour régner et affermissait sa domination sur les débris de la famille royale, d'autre part, il poursuivait ses menées contre la France, avec l'appui et la complicité de l'évêque de Tahiti.

Il y avait déjà quelque temps que le chef Akakio portait le titre de régent, lorsque la lettre suivante, signée de Maria-Eutokia, fut adressée à M. Rigault de Genouilly, ministre de la marine et des colonies :

24 mai 1869.

Beaucoup de calomnies ayant été répandues sur notre archipel à l'occasion du protectorat, la demande du protectorat n'ayant pas été ratifiée depuis 26 ans que nous l'avons faite, nous la retirons. Vous voudrez bien en faire part à S. M. l'Empereur des Français et lui offrir nos hommages. Nous espérons que cette démarche, nécessitée par les calomnies et les injustices de quelques hommes, ne détruira pas l'amitié que la France avait pour nous.

Ainsi Maria-Eutokia n'était plus régente, elle était retirée au couvent, et cependant elle signait une déclaration de rejet du protectorat! Voici l'explication : avant de lui ôter le pouvoir, le P. Laval lui avait demandé un blanc-seing, qu'il expédia à Tahiti; là, l'évêque lui-même rédigea la déclaration, la communiqua au nouveau commissaire français, M. de Jouslard, sans lui dissimuler la manière dont la pièce avait été établie, et le pria de la transmettre au ministre; sur le refus de notre représentant, il la fit parvenir directement à Paris.

Au mois d'octobre, Akakio et Maria-Eutokia moururent à leur tour. La régence fut confiée au prince Arone Teikatoara, fils d'un frère cadet de Maputeo, individu insignifiant, de faible santé, créature des missionnaires, désigné par Maria-Eutokia, au dire du P. Laval.

Quelques mois après, le P. Nicolas Blanc, chef

nominal de la mission, fit parvenir au ministère de la marine la pièce suivante :

15 juin 1870.

Nous, la famille royale, les grands chefs, les chefs de baies et les juges, nous nous sommes réunis pour chercher ce qu'il y avait à faire au sujet du protectorat français à Mangareva, et il a été décidé dans ce conseil général qu'il ne fallait pas établir de nouveau le protectorat français à Mangareva ; que c'était assez.

Le P. Laval, se croyant sans doute, par cette déclaration, affranchi de notre autorité et maître absolu d'un archipel indépendant, promulgua un nouveau code, qui avait été élaboré à Papeete par les soins de l'évêque, mais sans le porter à la connaissance du peuple ni des chefs, et après avoir pris sur lui d'en modifier certaines parties.

Le P. Nicolas ne trouva pas les changements de son goût, protesta en chaire et déclara qu'il en répudiait toute la responsabilité : une altercation s'ensuivit, et ce fut le P. Nicolas qui fut obligé de vider la place ; il abandonna son collège d'Aukena, emmena tout son personnel, maîtres et élèves, à Tahiti, et le P. Laval reprit officiellement le titre de provicaire, qui lui fut confirmé (juillet 1870). Et cependant, comme nous le prouverons tout à l'heure, on croyait à Paris que, depuis plus de deux ans déjà, un nouveau missionnaire travaillait à réprimer les abus et à faire renaître la prospérité dans l'archipel !

II

Oppression du peuple.

Tout d'abord, pour appliquer son nouveau code, le P. Laval organisa un corps d'agents de police galonnés, et y fit entrer peu à peu tous les hommes valides de Mangareva. Ces agents tout-puissants devinrent les tyrans, la terreur et le fléau du pays, et donnèrent l'exemple de tous les scandales : ils pénétraient la nuit dans les cases, violaient les filles, infligeaient des amendes dont ils profitaient, arrêtaient les gens sous les prétextes les plus futiles.

Pour payer les amendes, on n'avait que la nacre : dès que la pêche était ouverte, presque tous les jeunes gens, malades ou non, étaient obligés de plonger ; à la fin de l'opération, la plupart de ces misérables réussissaient tout juste à payer leurs amendes, et s'en revenaient les mains vides.

On conçoit qu'une telle façon de les traiter leur donnât l'ardent désir de fuir cette terre ingrate. Rien ne les arrêtait, ni la crainte des châtiments, ni le danger de périr en mer ou de mourir de faim : on en vit arriver à Tahiti ou dans les îles voisines, ayant fait plus de 300 lieues marines dans de frêles canots, maigres, se soutenant à peine ; une partie de leurs compagnons étaient morts de faim pendant la traversée. Un jour, une cinquantaine de jeunes hommes, les plus vigoureux, se sauvèrent dans les baleinières de la mission ; quelques-uns seulement parvinrent jusqu'à l'une des Tuamotus.

Le nombre des évasions augmentait d'année en année. De juin 1870 à février 1871, quatre embarcations partirent de Mangareva ; on n'a jamais su ce qu'elles devinrent.

« Les neuf dixièmes des femmes étaient emprisonnées pour *adultère, mot qui, pour les juges, comprenait toutes relations sexuelles, que les coupables fussent mariés ou non* [1]. »

---

1. Rapport du commandant de la Motte-Rouge, 1871.

Les filles, à partir de onze ans, étaient enfermées chaque nuit, que leurs parents le voulussent ou non, dans des huttes décorées du nom d'*ouvroirs*. Lorsque l'ouvroir était éloigné, elles devaient y être conduites le soir par leurs parents avant le coucher du soleil; le lendemain matin, la maîtresse les reconduisait successivement chez elles. Lorsque la gardienne était absente, on la remplaçait par un agent de police. On eut beau faire remarquer au P. Laval qu'il était assez scabreux de confier les jeunes filles à des hommes dont plusieurs s'étaient fait mettre en prison pour *adultère*; ils n'en restèrent pas moins chargés de leurs agréables fonctions. Il eût été aisé cependant de confier ce service à des religieuses françaises, puisque la mission de Picpus est affiliée à une congrégation de femmes qui lui vient puissamment en aide au Chili.

« Les femmes qui sont au couvent, et que les missionnaires appellent religieuses, sont d'une saleté repoussante : aussi en meurt-il beaucoup. Les médecins de nos équipages ont plus d'une fois constaté que la mortalité était plus grande dans les couvents quepartout ailleurs. Souvent aussi l'époque de la puberté amène une crise funeste chez ces jeunes Océaniennes pour lesquelles la claustration est contre nature[1]. » « On attribue généralement la dépopulation de l'archipel à une constitution scrofuleuse et à la phthisie pulmonaire qui en est la suite ; mais cette constitution scrofuleuse ne proviendrait-elle pas d'habitations insalubres, du défaut de soins provoqué par des règlements qui punissent même la propreté comme un péché, enfin d'un manque de travail régulier[2] ? »

Il était interdit aux femmes de porter les couleurs jaune, rouge, rose et bleue : le violet et le brun étaient seuls autorisés. Défense de natter leurs cheveux, d'y mettre des fleurs.

La mousseline était également prohibée. Les mousselines qui ornaient les autels de la cathédrale avaient été d'abord vendues aux femmes par les magasins du couvent, et le P. Laval n'y avait vu aucun mal ; mais, une fois les mousselines payées, il trouva que des vêtements aussi luxueux ne pouvaient convenir à des chrétiennes, et il réussit (par la persuasion) à s'en emparer pour ses églises.

Tout chant, autre que les cantiques, était dé-

1. Rapport d'un officier résident.
2. Rapport d'un commandant d'escadre.

fendu. Le P. Laval, trouvant que « la danse rendait trop fières quelques-unes de ses ouailles », avait supprimé ce divertissement. « Il n'existe plus pour cette population aucun jeu, aucun plaisir : on les éteint ; ils n'ont qu'à se coucher devant leur porte, à dormir et à mourir... [1]. »

III

Mœurs. — Hygiène. — Dépopulation.

Les mœurs, au moins, devenaient-elles plus pures à ce régime? En voici quelques échantillons :

Le 1er novembre 1870, la femme du régent, Georgette, était condamnée comme coureuse de nuit : elle avait clandestinement quitté la maison conjugale pour rejoindre son amant, tandis que le pauvre Arone était aux prises, dans son propre logis, avec l'amant de sa fille et recevait une

1. Rapport La Motte-Rouge, 1871.

volée de coups de l'un et de l'autre. La fille était condamnée avec la mère. Ces scènes se renouvelaient souvent. Le régent graciait sa femme et sa fille après quelques jours de prison. C'était le P. Laval qui lui avait donné de sa propre main, en secondes noces, cette Georgette; le pauvre régent, on le voit, n'en était pas plus heureux!

Tout le peuple en était là, ce qui n'empêchait pas le P. Laval, dans des lettres écrites au Supérieur de Picpus, en 1865, de vanter la candeur et l'innocence des ses Mangaréviens.

Une enquête médicale démontra qu'un grand nombre de malades mouraient de maladies très ordinaires, qui ne devenaient mortelles que par suite du manque de soins et de l'abandon complet où on les laissait. On s'imaginait que toute maladie était contagieuse, et le P. Laval accréditait cette opinion au lieu de la combattre. On n'approchait des malades que le moins possible, on ne les touchait pas, on les éloignait de l'habitation commune, dans des cases en paille construites à la hâte; souvent on oubliait pendant 24 heures de leur porter à manger et à boire. Étendus sur une mauvaise natte, exposés aux injures de la pluie, ces malheureux attendaient que la mort vînt les délivrer.

Le P. Laval avouait ingénûment que presque tous les malades avaient à souffrir de la faim, et que, « lorsqu'il allait les voir, ses exhortations portaient principalement sur la patience : il les engageait à souffrir courageusement l'oubli dans lequel on les laissait et à offrir leurs peines à Dieu... »

Voici le résultat d'un pareil état de choses :

MOYENNE annuelle pour chaque île.	NAISSANCES.	DÉCÈS.		ANNÉES.	NAISSANCES.	MARIAGES.	DÉCÈS.
Mangareva. . .	32.2	105.8		1866	39	18	59
Taravaï. . . .	5	6	Détail pour l'île	1867	28	17	120
Akamaru . . .	6	10	de Mangareva	1868	33	23	150
Aukena	0.5	1	seule	1869	31	29	129
				1870	30	22	71
Moyenne annuelle pour l'archipel.	43.7	122.8	Total en 5 ans . .		161	109	529
			Moyenne des 5 dernières années. .		32.2	21.8	105.8

Ces chiffres n'empêchaient pas le P. Laval d'obliger ses ouailles à se marier à tous les degrés de parenté, de leur défendre de quitter l'archipel, et de repousser les étrangers : comment ceux-ci eussent-ils pu se soumettre à un code qui ne respectait ni la liberté civile ni la liberté religieuse (promises par la France !), qui condamnait tous les insulaires, Français ou non, fussent-ils protestants, à faire embrasser à leurs enfants la religion catholique, et qui leur déniait le droit de propriété ?

Seul, le missionnaire possédait : on lui devait le travail gratuit et la dîme. Le régent, le roi même pouvaient être fautifs et punis ; le Père, lui, ni Mangarévien, ni étranger, impeccable, infaillible, était au-dessus des lois ; il était le maître et le père de ce peuple, comme Dieu est le père du genre humain.

Il en arriva à ne plus même sauvegarder les apparences : il avait commencé par s'abriter derrière la reine ou le régent ; il finit par mettre le régent en prison, et cela pour n'être pas resté avec la femme qu'il lui avait imposée ; celle-ci, ayant tenté de fuir, fut internée à l'extrémité de Mangareva.

IV

Opinion de l'amiral Cloué.

Telle était la situation en 1870. Elle a été ainsi résumée et appréciée par le comte de La Roncière et par le vice-amiral Cloué :

Jamais, disait M. de La Roncière, la religion catholique n'a servi, comme elle sert aux Gambier, à opprimer un peuple de la manière la plus honteuse, à le tenir dans la plus affreuse misère, à l'exploiter au profit d'intérêts mercantiles ; jamais les mots de civilisation et de moralité n'ont été plus audacieusement employés, plus indignement violés que dans ce malheureux pays.

L'amiral, de son côté, écrivait :

Les îles Gambier sont un couvent ; les règles qui dirigent leurs populations sont celles qui dirigeaient la société monastique du douzième siècle... Les Mangaréviens attribuent au P. Laval un pouvoir surnaturel ; ils sont persuadés que tout homme menacé de la colère de Dieu par ce religieux meurt dans un temps déterminé. Si, par cette crainte superstitieuse, bien des méfaits sont restés ignorés jusqu'ici, nous en savons assez néanmoins pour prouver que cet ordre de choses ne peut être toléré plus longtemps. Depuis 36 ans qu'ils sont dans ce pays et qu'ils le gouvernent en maîtres, les

Pères l'ont-ils civilisé ? Loin de là : ils l'ont fait rétrograder ; ils auraient pu former des hommes, ils ont fait des enfants, moins que cela même.

Ces misérables sont des esclaves,... qui meurent de misère et d'abrutissement : travaux pénibles, pratiques religieuses sévères, nourriture malsaine, habitations sordides, il n'en faut pas plus pour tuer cette race pour qui la règle du couvent est mortelle.

Elle est déjà réduite à moins d'un millier d'individus, et l'on peut presque calculer combien d'années de ce régime sont nécessaires pour que tous soient morts. Si le P. Laval vit assez pour voir ce résultat, sa joie sera complète ; car, dans un sermon du 26 janvier 1867, il s'est réjoui de voir mourir tout le monde, disant que la maladie était une preuve de l'amour de Dieu, et que tous ceux qui n'étaient pas malades étaient maudits.

Le fanatisme et l'amour du pouvoir tyrannique sont poussés chez ce religieux jusqu'à la démence. C'est lui qui a été, à Tahiti, la cause des premiers démêlés Pritchard ; c'est lui qui est l'auteur de toutes les tentatives qui ont pour but de nous faire abandonner les Gambier, pour y faire fleurir, après l'y avoir implantée sans notre assentiment, cette législation, mauvaise copie de la règle des missions du Paraguay et de la Californie, qui, quoique dirigées par de hautes intelligences, n'ont cependant abouti et ne pouvaient aboutir qu'au néant, comme tout ce qui est contre nature.

L'amiral Cloué concluait ainsi :

La responsabilité de cet état de choses incombe à la

France... Lorsqu'elle a pris ces îles sous sa protection, elle a pris en même temps l'engagement moral de les dédommager de l'aliénation de leur indépendance en les initiant à ces institutions qui élèvent l'homme dans sa dignité et qui lui laissent la liberté de sa personne et de ses actions : il est temps qu'elle tienne sa promesse, et qu'en se chargeant de diriger désormais l'administration civile de ces îles, elle répare le mal qu'elle a laissé faire...

Le départ des Révérends Pères est indispensable, et, si le Supérieur général de Picpus tient à l'honneur de son Ordre, il n'hésitera pas à les envoyer prendre leur retraite dans le magnifique couvent de Valparaiso et s'y reposer de leur long apostolat...

Comme tous ses confrères, le P. Laval est de son Ordre avant tout, Français d'occasion et quand cela peut servir ses intérêts : aussi peut-on craindre que ces religieux ne préfèrent une autre protection que celle de la France, si cela peut leur conserver le pouvoir...

La France doit envoyer aux Gambier un résident ou un commandant particulier, laïque, relevant de Tahiti, homme d'une certaine expérience des affaires océaniennes, d'un esprit sage et modéré, chargé d'appliquer, sinon dans ses détails, du moins dans son esprit, notre législation tahitienne.

Seulement, hâtons-nous, si nous ne voulons pas arriver pour recevoir le dernier soupir du dernier Mangarévien, nous léguant, avec sa juste malédiction, le soin de repeupler cette terre que nous avions promis de féconder et de rendre prospère par la civilisation !

CHAPITRE IV

INTERPELLATION KERATRY AU CORPS LÉGISLATIF (11 MARS 1870). — ENQUÊTE LA MOTTE-ROUGE (FÉVRIER-MARS 1871).

I

Interpellation Keratry.

Dans la séance du Corps législatif du 11 mars 1870, une interpellation fut adressée par M. Jules Simon au gouvernement sur l'administration des colonies. Le comte de Keratry intervint dans le débat pour demander que le pavillon du protectorat français fût retiré des Gambier.

L'équivoque de notre situation apparaît dès les premiers mots :

... M. le ministre de la marine a bien voulu me dire que le protectorat n'existe plus, ou n'existe pas de fait. Toujours est-il qu'aux yeux des insulaires et des étrangers qui abordent, il a toutes les apparences de l'existence.

Le ministre de la marine. Il n'a jamais été ratifié.

Le comte de Keratry. M. le ministre m'assure qu'il n'a jamais été ratifié, et pourtant, dans toutes les correspondances échangées entre le département de la marine et le gouvernement de Tahiti, on voit que ce protectorat a existé, j'en donnerai des indices certains.

Il avait été question d'installer un résident aux îles Gambier. Si M. le ministre ne veut pas l'y établir, je demande que le protectorat français soit retiré.

L'amiral Rigault de Genouilly fit la réponse suivante :

Le changement du P. Laval n'est pas aussi insignifiant que l'honorable orateur paraît le croire... J'espère que le nouveau Supérieur des missions apportera dans ses fonctions un esprit de conciliation et de modération plus grand. Dans tous les cas, avant de retirer définitivement le pavillon français, il me semblerait bon de faire une nouvelle enquête aux Gambier. Je compte charger le contre-amiral qui commande dans le Pacifique d'aller voir ce qui se passe exactement et de nous dire si, en effet, il faut renoncer au protectorat, ou si, en établissant un résident, on ne pourrait pas arriver, par une entente avec les missionnaires, à créer pour la population des Gambier une situation meilleure.

On voit que le ministre était fort mal renseigné, puisqu'il croyait que le P. Laval avait réellement été remplacé, tandis que ce missionnaire continuait de diriger le pays en maître absolu.

Mais les conclusions de l'amiral étaient plus politiques que celles de l'orateur de l'opposition : car la renonciation au protectorat eût été une faute grave. Il suffit de jeter les yeux sur une carte de l'Océan Pacifique pour voir que Mangareva aurait pu, si nous l'avions abandonnée, devenir le centre d'action de rivaux gênants. Dès cette époque, le Chili, déjà très remarquable entre toutes les républiques de l'Amérique méridionale, gagnait chaque année en prospérité et en puissance ; les Chiliens se regardaient comme les futurs Yankees du sud, et commençaient à tourner les yeux vers la mer et vers les îles dont ils sont les plus proches voisins. Nul poste ne leur eût mieux convenu que les Gambier pour y fonder un établissement, un dépôt de charbon et un magasin de ravitaillement. En janvier 1870, une corvette chilienne fut envoyée à l'île de Pâques pour examiner s'il n'y avait pas là quelque chose à faire ; mais cette île, comme Pitcaïrn, Élisabeth, Durcie, n'est qu'un rocher presque inabordable, où les navires au mouillage sont en perdition. Mangareva, au contraire, est, du côté de l'est, la première rade où les navires de cinq mètres de tirant d'eau puissent entrer par tous les temps; quelques balises placées dans la passe du nord la rendraient même praticable pour les bâtiments du plus fort tonnage; enfin, les vents alizés donnent toutes facilités pour l'aller et le retour. L'Ordre de Picpus, qui possède un très riche établissement à Valparaiso avec des succursales dans plusieurs villes du Chili, n'eût pas mieux demandé que de planter sur l'archipel le pavillon de la république sud-américaine.

La France, installée à Tahiti et aux Tuamotus, pouvait-elle s'exposer à voir s'établir, à l'extrémité de sa chaîne de 300 lieues, un voisin qui eût pu lui créer de sérieux ennuis? Nous avions déjà, à l'ouest de nos possessions, les îles sous le Vent, indépendantes, qui étaient devenues le centre actif de la mission protestante anglaise [1]; si nous avions consenti à reconnaître l'indépendance des Gambier, nous aurions eu à l'est un groupe analogue, dirigé et gouverné par l'Ordre de Picpus [2].

---

1. Voir *Politique française en Océanie*, etc.

2. La mission cherchait à s'étendre à nos dépens: M. d'Axieri exprima à M. de Jouslard, commissaire impérial, l'opinion que la reine des Gambier avait le droit de revendiquer la possession des îles Marutea et Tenarunga, situées au N.-N.-O. de l'archi-

D'autre part, nous avions dû devancer récemment, en 1868, à Rapa, les Américains à la recherche d'un port de relâche et de ravitaillement pour les steamers de la ligne de San-Francisco en Australie.

Enfin l'Allemagne du Nord, qui cherchait à s'installer aux Samoa et aux Tonga et qui régnait déjà en souveraine par son commerce et ses propriétés territoriales sur ces archipels, venait, elle aussi, d'entrer en relations avec Mangareva.

Au point de vue commercial aussi bien qu'au point de vue politique, l'indépendance des îles Gambier eût compromis l'avenir de nos établissements. En effet, le commerce des nacres et du coprah tirés de l'archipel Tuamotu ne peut se faire que sous pavillon français. Les négociants ont leur entrepôt à Tahiti; ils aimeraient mieux en avoir un aux îles sous le Vent, parce qu'ils n'auraient pas d'impôt à payer ni de surveillance à subir; mais ils n'y trouveraient pas leur compte à cause de l'éloignement de ces îles et de l'absence de toute protection. Au contraire, aux Gambier, ils n'auraient pas rencontré les mêmes inconvé-

---

pel; or ces deux îles, par leur constitution géologique tout à fait distincte de celle des Gambier, font évidemment partie du groupe des Tuamotus.

nients; et alors Mangareva, profitant tout à la fois de sa proximité des Tuamotus et de son éloignement de Tahiti, eût pu faire une concurrence des plus fâcheuses au commerce de Papeete.

Au point de vue militaire, les îles Gambier ont aussi une certaine importance; elles peuvent servir de station aux croiseurs chargés de couper la route aux navires allant d'Amérique en Australie. L'ennemi aurait pu s'appuyer à la fois sur Raïatea et Bora-Bora à l'est et sur Mangareva à l'ouest: Tahiti eût été prise entre deux feux.

Ces considérations ont une valeur encore bien autrement grande depuis qu'on a donné le premier coup de pioche à l'isthme de Panama: si nous avions abandonné l'archipel Gambier en 1870, il est probable que nous le regretterions amèrement aujourd'hui. L'amiral Rigault de Genouilly avait donc mille fois raison de subordonner la décision du gouvernement à une enquête.

Conformément à la déclaration qu'il avait faite à la tribune, il envoya à l'amiral Cloué, qui commandait alors la division du Pacifique, l'ordre de se rendre à Mangareva.

Cet officier général se disposait à partir, lorsque la nouvelle de la déclaration de guerre à la

Prusse l'obligea de renoncer à son voyage ; mais il n'en pria pas moins le ministre de donner suite au projet d'enquête.

II

Enquête La Motte-Rouge.

Le 23 janvier 1871, son successeur, M. le contre-amiral de Lapelin, chargeait M. de La Motte-Rouge, capitaine de frégate, de se rendre à Mangareva. M. de La Motte-Rouge était très connu pour l'ardeur et la sincérité de sa foi catholique : son témoignage ne pouvait donc être suspect.

Il arriva à Mangareva, à bord de la *Somme*, le 8 février 1871. Aucun navire n'y avait paru depuis huit mois : on ignorait la guerre franco-allemande.

A peine débarqués, le commandant et ses hommes durent rentrer à bord : bien qu'il ne fût pas encore 8 heures du soir, il n'y avait plus personne dehors ; l'*Angelus* avait sonné, et à ce signal, qui était le couvre-feu de Rikitea, chacun était obligé de fermer sa porte et de rester chez lui jusqu'à l'*Angelus* du matin ; c'était le régime de l'état de siège.

Le pilote Daniel Guilloux demanda s'il était vrai que les anciens résidents fussent morts ; et, sur la réponse négative du commandant : « C'est, dit-il, qu'on raconte ici que M. de La Roncière a été condamné à dix ans de galères pour sa conduite aux Gambier, et que Dieu a puni les résidents, qui sont morts tous les trois. »

« On a peine à croire, dit M. de La Motte-Rouge, qu'un prêtre ait pu se prêter à la propagation de pareilles calomnies. »

Après une entrevue avec les chefs et le régent, où celui-ci essaya vainement de mettre la question du protectorat sur le tapis, M. de La Motte-Rouge alla visiter la cathédrale :

Les 600 et quelques habitants de Mangareva se perdaient dans cette église, immense pour un si petit pays, et qui pourrait contenir à l'aise plus du double de la population des Gambier. Le luxe de ces constructions monumentales fait un triste contraste avec les haillons qui couvrent à peine les fidèles.

Des surprises plus graves étaient réservées à nos officiers. Leur indignation fut grande en apprenant les condamnations terribles dont avaient été frappés huit jeunes gens, presque des enfants, pour quelques plaisanteries irréligieuses.

Toutes les fenêtres du cachot où ils étaient enfermés avaient été, sauf une, murées sur l'ordre du régent. Ces criminels, qui avaient eu le tort de prononcer d'une manière inconvenante des noms sacrés, avaient été condamnés à 40 piastres d'amende chacun, dans un pays où l'argent est si rare, et à la prison perpétuelle « jusqu'à la mort ». C'est un de leurs amis qui les avait dénoncés.

Pour condamner l'un d'eux (Pauro), on avait été rechercher des propos tenus dix-huit mois auparavant, lorsqu'il avait à peine quatorze ans. Un autre (Kiritao), âgé de quinze ans et demi, avait été condamné quoiqu'il n'eût rien dit et se fût borné à rire des plaisanteries de ses camarades.

A l'entrée de M. de La Motte-Rouge, les prisonniers étaient tous couchés en tas dans un coin. Il les fit lever, et, frappé de l'air de jeunesse de deux d'entre eux, trouvant injuste et barbare de les confondre avec les autres, il demanda au régent leur grâce, et dut menacer pour l'obtenir.

Le 19 février, il reçut une lettre en langue

mangarévienne : c'était une demande signée du régent, tendant à faire retirer le pavillon français et déclarer Mangareva État libre. « Vous êtes en république, disait le régent, c'est cela que nous craignons le plus ; nous ne voulons pas du protectorat. »

Le commandant écrivit aussitôt au P. Laval une lettre ainsi conçue :

« Je vous invite, Monsieur, à me déclarer si vous avez connaissance de cette pièce et de quelle nature ont été, dans tout ceci, les conseils que les chefs n'ont pas manqué de recevoir de vous. Si j'évite de trancher d'autorité dans les affaires du pays, je n'agirai pas de même avec vous, Français, dont j'ai le droit de surveiller la conduite.

« Je vous rappelle qu'il vous a été interdit à plusieurs reprises, par l'autorité française, de vous immiscer, en quoi que ce soit, dans les affaires politiques des Gambier ; que vous ne deviez ni vous mêler de la rédaction du code, ni surtout accepter, sans l'autorisation de notre gouvernement, la position de membre du conseil de régence. Je vous renouvelle cette défense, en vous déclarant que le gouvernement français est décidé, maintenant plus que jamais, à ne souffrir aucune ingérence de votre part dans le domaine des affaires étrangères à la religion.

« Je regrette profondément, Monsieur, d'avoir à

faire des observations de cette nature à une personne dont je respecte l'âge et le caractère sacré. »

Au reçu de ce message, le P. Laval se rendit à bord de la *Somme*; il répondit « qu'il avait cru voir que l'amiral engageait le pays à formuler son avis au sujet du protectorat, et qu'il avait conseillé à Arone de provoquer cette adresse ».

Il avouait donc bien nettement son intervention. M. de La Motte-Rouge lui mit alors sous les yeux toutes ses illégalités, toutes ses exactions.

— J'en conviens, répliqua le missionnaire, je me suis trompé, mais, je vous en prie, demandez à l'amiral qu'on ne nous envoie pas de résident; ayez la patience d'attendre six mois, vous verrez que les gouvernants se seront un peu débrouillés, qu'ils sauront suivre la loi et que cela marchera tout seul.

— Ce n'est pas à moi, répondit le commandant, à régler cette question ; je vous fais remarquer seulement que vous prononcez vous-même la condamnation de votre conduite passée : comment ! vous vous sentez capable de mettre en six mois ce peuple en état de se gouverner ! Qu'avez-vous donc fait pour l'instruire depuis 35 ans que vous occupez ces îles, et principalement depuis que vous y êtes maître absolu ? Ce peuple ne peut pas marcher seul, c'est un fait que je constate ici avec vous, il lui faut absolument un guide.

C'est au gouvernement français à le choisir comme il l'entendra...

Sur la question d'argent, M. de La Motte-Rouge dans son rapport s'exprimait ainsi :

On a accusé les missionnaires d'avoir fait directement le commerce sous le nom de la reine et réalisé ainsi de très gros bénéfices au profit de leur Ordre. Le P. Laval, et peut-être Mgr d'Axieri, sont plus à même que tout autre de savoir ce qui en est, et l'on s'étonne à bon droit qu'aucune réponse de leur part ne vienne démentir une accusation si grave, qui attaque l'honneur de l'Ordre tout entier. Cela pourrait faire croire qu'il y a là quelque mystère qu'on ne veut pas nous faire connaître. Les filles de Maputeo sont misérablement logées. Qu'est devenu ce qu'elles devraient posséder ? Que devient ce qu'elles devraient encore gagner par leur commerce ?

Avant l'appareillage, et lorsque tous les canots avaient déjà rallié le bord, on rappela du rivage le pilote, et on lui remit une lettre à l'adresse de l'amiral ; c'était une nouvelle demande de retrait du pavillon, à peu près identique à la première.

Ainsi l'enquête de M. de La Motte-Rouge confirmait toutes les précédentes :

Il est nécessaire, disait-il à son tour, de faire partir le P. Laval, et le plus tôt sera le mieux. Esprit dominateur, caractère emporté, isolé du monde depuis 35 ans et entraîné par des idées religieuses exagérées, cet homme veut à tout prix *sauver des âmes,* et, pour cela, tous les moyens lui sont bons. Les punitions, la contrainte assurent l'observation des devoirs religieux ; mais il ne s'inquiète pas de la sincérité de celui qu'il force à paraître bon catholique.

Il craint tout pour son œuvre de la part des Européens. Il fait ce qu'il peut pour les éloigner de son île et pour les empêcher de voir ce qui s'y passe. S'il est obligé de souffrir leur présence pendant quelque temps, il tâche de les dérouter, et peu lui importe de déguiser la vérité pourvu qu'il arrive à son but...

...Il est nécessaire qu'il parte, et je dirai même plus : le missionnaire qui le remplacera ne peut être non plus notre représentant. Le plus dévoué, le plus sage d'entre ceux que l'on pourrait mettre à sa place, ne pourra se résigner à détruire certaines parties de l'œuvre de son prédécesseur. Un ecclésiastique ne se mettra pas au même point de vue que nous pour certains règlements abusifs que nos idées ne peuvent admettre. Il ne les eût peut-être pas établis, mais il ne pourra jamais se résoudre à les abolir...

Sans accuser l'Ordre entier de tout ce qui s'est passé aux Gambier, je n'en pense pas moins que les Supérieurs ont pris une grande responsabilité en s'obstinant à y laisser ce caractère emporté au delà de toutes les limites par des idées inadmissibles.

Le système oppressif qu'il a établi, et qui vient certainement en aide au terrible fléau qui menace de réduire à néant, en quelques années, cette race jadis forte et vigoureuse, a été créé à l'abri de notre pavillon ; il est de notre devoir de le faire cesser.

Nous devons rendre à ces gens doux et tranquilles un peu de liberté. Faisons cesser cette oppression des chefs et supprimons la presque totalité des policiers ; rendons au peuple le droit de chanter, de danser, de se promener quand il le veut ; laissons les femmes s'habiller à leur guise en rouge, en jaune ou en bleu, et bientôt le nom de la France y sera béni [1].

1. Rapport du 20 mars 1871.

CHAPITRE V

RAPPEL DU P. LAVAL. — LE COMMANDANT GIRARD A MANGAREVA : CONFIRMATION DU PROTECTORAT (NOVEMBRE 1871). — LE P. NICOLAS BLANC, SUCCESSEUR ET CONTINUATEUR DU P. LAVAL (1871-1880). — ENVOI D'UN NOUVEAU RÉSIDENT, M. DES ESSARDS (FÉVRIER 1880). — ANNEXION DE L'ARCHIPEL A LA FRANCE (21 FÉVRIER 1881). — SITUATION ACTUELLE DES GAMBIER.

I

Confirmation du protectorat (1871). — Le Père Nicolas Blanc (1871-1880).

L'interpellation de M. de Keratry avait eu pour résultat l'enquête du commandant de La Motte-Rouge ; l'enquête eut à son tour deux effets, que facilita le changement de régime politique en France : le rappel du P. Laval, qui fut définitivement remplacé à Mangareva par le P. Nicolas Blanc, et la confirmation du protectorat.

Huit mois après le retour de M. de La Motte-Rouge, M. Girard, commissaire de la République à Tahiti, reçut l'ordre de se rendre aux Gambier. Il réunit le régent et les chefs, et leur fit adopter les dispositions contenues dans la déclaration suivante :

30 novembre 1871.

Nous, Arone, régent des îles Mangareva, et les grands chefs de ces îles, en présence de M. Girard, commandant des États français de l'Océanie et commissaire de la République près les États du protectorat,

Après avoir délibéré en conseil général,

Déclarons vouloir maintenir le protectorat français établi par acte du 26 février 1844, sous les conditions suivantes :

1° Afin d'assurer l'exécution de l'acte précité ainsi que la paix et l'indépendance de nos îles et de leurs habitants, la direction des affaires avec les gouvernements étrangers reste confiée au gouvernement français.

2° Nos relations avec ledit gouvernement auront lieu par l'intermédiaire du commandant des États français de l'Océanie.

3° Les habitants étrangers, français ou autres, sont soumis aux règlements de police. Ils doivent se conformer aux lois du pays; mais ils ne seront jugés pour crimes ou délits que d'après les lois françaises, et, en cas de condamnation, ils auront toujours le droit de se pourvoir en appel devant les tribunaux français.

4° Les lois indigènes seront soumises à la sanction du gouvernement protecteur ; elles seront toutefois provisoirement exécutoires sous l'approbation du commandant commissaire de la République près les États du protectorat.

5° Toute peine corporelle est et demeure abolie.

6° Toutes les contestations relatives à la propriété des terres et aux droits des habitants seront jugées définitivement par les tribunaux du pays quand les indigènes seront seuls en cause.

7° Les différends entre les indigènes et les étrangers seront également portés devant ces tribunaux, sauf appel devant les tribunaux français.

Il en sera de même des contestations entre étrangers.

8° Chacun est libre dans l'exercice de son culte et de sa religion.

9° Le commerce est libre dans les îles Mangareva. Aucun droit nouveau ne pourra y être établi sans l'approbation du gouvernement français.

10° Les réclamations auxquelles pourrait donner lieu l'exécution des dispositions qui précèdent seront soumises au commandant commissaire de la République, qui statuera à leur égard ou les fera parvenir, s'il est nécessaire, au gouvernement français protecteur de nos îles, à la décision duquel nous devrons nous conformer.

Malheureusement les circonstances extérieures étaient telles à cette époque, au lendemain de la guerre, que le gouvernement ne crut pas devoir ratifier ces dispositions, et que le voyage de M. Girard ne fut pas suivi de l'envoi d'un résident, comme l'avait demandé M. de La Motte-Rouge.

Le P. Nicolas ne tarda pas à suivre les errements du P. Laval, et à faire voir qu'il considérait, lui aussi, l'archipel comme l'apanage et la ferme de la mission.

L'année suivante, le régent Arone, qui avait signé l'acte d'adhésion au protectorat, fut obligé de donner sa démission sous prétexte qu'il avait embrassé une femme dans la rue, et remplacé par Bernardo Putaïri, tuteur des deux filles de Maputeo, qui n'avait d'autre titre à cet honneur que d'avoir épousé jadis, en premières noces, une sœur de Maria Eutokia. Le nouveau régent fut élu à l'insu du commissaire de la République.

En novembre 1873, la fille aînée de Maputeo, Agnès, vint à mourir; le commandant n'en fut pas informé non plus. Il ne restait donc, pour représenter la famille royale, que l'autre fille de Maputeo, Philomèle, idiote, bossue et aveugle. Le pouvoir était aux mains du conseil de régence, composé de plusieurs vieux chefs ignorants et fanatiques, convertis par les premiers missionnaires venus dans l'archipel, et qui ne savaient ni lire ni écrire.

Dès lors, voici quel fut le plan du P. Nicolas et de l'évêque d'Axieri : le vieux Bernardo avait un fils, nommé Triphon, élevé au collège de la mission et ordonné prêtre de Picpus ; à la mort de Bernardo, on devait passer la régence à Triphon, et l'archipel deviendrait définitivement le domaine de l'Ordre, sous l'autorité de ce prêtre-roi.

En attendant, le P. Nicolas continuait de faire pêcher la nacre au prix de 8 piastres, soit 40 fr. le baril de 80 kilogr., ce qui mettait le kilogramme à 50 cent. ; et, comme il payait en marchandises (tabac ou chèvres), il achetait environ 25 cent. ce qu'il revendait ensuite couramment aux navires étrangers à raison de 3 fr. Avec cela on achetait de vastes terrains à Tahiti, on construisait un séminaire et de nouvelles églises ; et le pays était plus pauvre, la population plus rare que jamais.

Le Père faisait pêcher la nacre par les élèves du collège ; ces enfants ne savaient pas un mot de français, mais ils travaillaient au corail, faisaient de la chaux, réparaient les toitures de la mission, se livraient au labeur épuisant de la plonge, et cela à l'âge critique de la transformation. Plusieurs enfants de l'école figurent sur la liste des évasions ; ces petits malheureux déclaraient qu'ils souffraient d'excès de travail, de faim, de mauvais traitements.

Chaque année, et souvent chaque saison, la mission autorisait l'ouverture d'un ou de deux bancs de nacre. Le produit du premier jour de plonge, et parfois aussi du second, lui revenait tout entier. A ce prélèvement, elle joignait le produit des amendes en argent, en nacre et en marchandises ; or, comme les chefs, juges, agents de police, etc., recevaient leur part d'amendes exclusivement en marchandises, il fallait bien arriver à cette conclusion, que la mission profitait de toutes les amendes en nacre et en argent. La prison pouvait se racheter par l'amende (1 mois de prison : 30 fr.). En outre, chaque fidèle donnait aux Pères, à titre de don, une piastre *au moins* par tête et par année; total, 3,000 fr. ; souvent, on donnait deux piastres.

Un beau jour, le P. Nicolas trouva bon de s'adjuger toutes les montagnes, avec le nombreux bétail qui y vivait en liberté, alléguant que le feu prince Joseph en avait fait don au P. Laval.

On espérait ainsi accaparer par des héritages successifs la totalité du territoire. On essaya aussi d'introduire dans l'archipel des habitants des Tuamotus, de l'île de Pâques, etc., destinés à occuper le sol comme fermiers, sans qu'ils pussent jamais en devenir propriétaires : de cette façon, les indigènes pouvaient tous disparaître, comme le régent le trouvait naturel et bon ; les nouveaux venus seraient les serviteurs des Révérends Pères et d'excellents plongeurs à leur discrétion.

En 1880, le code du P. Laval était encore en vigueur, le registre des amendes était tout aussi mal tenu qu'en 1871, les amendes aussi exorbitantes et fantaisistes (il en coûtait 50 fr. pour manquer à la messe) ; beaucoup de chefs ne connaissaient pas la loi et continuaient à juger selon leur bon plaisir.

Le P. Nicolas avait attribué aux agents de police le droit d'entrer jour et nuit dans les maisons particulières, pour y surveiller les relations des deux sexes et y saisir les flagrants délits : ils avaient le droit de faire à toute heure l'appel nominal des habitants de chaque maison ; ils avaient aussi reçu l'ordre d'empêcher les voyageurs étrangers de coucher à terre.

On se rappelle que le P. Laval avait imaginé de réunir, par village, toutes les jeunes filles, la nuit, dans ses *ouvroirs* ; le P. Blanc supprima les ouvroirs, mais trouva moyen d'enlever tout à fait les filles à leurs parents. Plus de retraites nocturnes pour ces demoiselles ; seulement, jusqu'à leur mariage, elles restaient au couvent; jusqu'à douze ans, chaque dimanche, elles allaient voir leurs familles pendant deux heures, trois au plus; passé cet âge, elles attendaient sans jamais sortir l'époux choisi par les Pères. Ce système fut exécuté à la lettre, sans aucune exception, à partir de 1879.

Le P. Laval avait défendu la circulation après l'*Angelus* du soir; les contrevenants étaient incarcérés. Ici encore, le libéralisme du P. Blanc remplaça la prison par l'amende.

Telle fut la situation des îles Gambier de 1871 à 1880: même régime théocratique, mêmes mesures d'oppression et de tyrannie, dont la France continuait de porter la responsabilité. On avait cru, on avait voulu croire que ces exécrables abus ne tenaient qu'à la personne du P. Laval: ce prêtre fanatique avait disparu depuis neuf ans, et le même esprit, les mêmes pratiques, se perpétuaient sous notre drapeau. Qu'un étranger fût vexé par quelqu'une de ces mesures arbitraires, il pouvait en résulter des réclamations, peut-être une difficulté diplomatique. Trente-six ans après l'établissement de notre protectorat, ce protectorat n'était ni ratifié, ni notifié, ni reconnu officiellement par les puissances !

En 1878, le commandant des établissements français reçut une plainte d'un négociant étranger, demandant l'autorisation de coucher à Mangareva afin de pouvoir vaquer à ses affaires : il dut s'abstenir, n'ayant aucun moyen de faire respecter sa volonté.

Vers la même époque, le capitaine d'une goëlette américaine, après l'avoir chargée à Papeete, demanda l'autorisation de se rendre aux Gambier. Notre commissaire fut obligé de la lui refuser, attendu que la navigation au cabotage ne pouvait s'exercer dans toute l'étendue de nos archipels que sous pavillon français ou sous pavillon du protectorat. Là-dessus, le consul américain demanda copie de l'acte plaçant les Gambier sous le protectorat de la France. Le commandant cita l'acte de 1844 et l'appuya de plusieurs dates de dépêches ministérielles reconnaissant ce protectorat. On lui demanda alors le texte de ces dépêches; il répondit qu'elles n'étaient pas de nature à être communiquées. L'affaire n'eut pas d'autre suite. Mais qu'arriva-t-il ? On se passa de notre permission, et des bâtiments sous pavillon étranger allèrent ouvertement trafiquer à Mangareva. Des bâtiments américains y venaient directement de San-Francisco et en repartaient, chargés de nacre, pour ce même port.

Les Allemands firent mieux : ils y envoyèrent une goëlette, la *Stella*, sous pavillon impérial, qui leur servait de stationnaire et de magasin flottant pour les nacres et autres marchandises. La Compagnie commerciale de l'Océanie, qui avait des liens d'intérêt avec la mission, essayait de profiter de notre situation fausse et incertaine, et cherchait à se mettre indirectement en possession de Marutea, une des Tuamotus voisines des Gambier : le prêtre Triphon donnait les mains à cette intrigue.

La société allemande se développait alors outre mesure dans nos possessions ; elle avait déjà rallié à ses intérêts plusieurs gros colons étrangers ; c'était elle qui, avec la mission, absorbait toute la culture et la production cotonnière des îles Marquises ; un Italien, grand propriétaire à Moorea, M. Micheli, venait, par suite d'embarras financiers, de s'y inféoder. Ce n'était pas sans appréhension que le gouvernement local la voyait porter ses efforts sur les Gambier ; et cependant, il avait les mains liées.

Comment remédier à cette situation ? L'évêque d'Axieri proposait la conclusion d'un traité de commerce avec les Mangaréviens. C'eût été reconnaître en quelque sorte l'indépendance de l'archipel et renier dans une certaine mesure les actes de 1844 et de 1871. La reconnaissance officielle du protectorat et le rétablissement de la résidence, tels étaient les seuls moyens de résister aux empiétement combinés de la société allemande et de la mission catholique, et de faire décidément respecter notre pavillon.

Le 4 juillet 1879, le ministre prescrivit de réorganiser la résidence, et nomma à ce poste M. le lieutenant de vaisseau des Essards.

II

Annexion de l'archipel (21 février 1881).

Le nouveau résident arriva à Mangareva le 1er mars 1880, à bord du croiseur *le Dayot*. Le conseil de régence ayant refusé de lui donner les registres des jugements, des amendes, le texte des lois, etc., il en profita pour promulguer, séance tenante, les lois françaises, l'abrogation des lois mangaréviennes, et pour prendre en main la police, la justice, les prisons. Le conseil, les chefs continuèrent la résistance; ils refusèrent de prêter le serment que leur demandait M. des Essards : il les destitua. Jusque-là, aucune relation avec les missionnaires :

Peut-on s'enferrer de la sorte ! Nous sommes ici depuis 23 jours, et le P. Nicolas ne vient voir ni l'un ni l'autre des représentants du gouvernement ! Son abstention ne doit-elle pas signifier, ne signifie-t-elle pas, aux yeux des indigènes, qu'il ne veut pas nous connaître, que nous sommes des ennemis pour lui, et, par suite, que les Mangaréviens iraient à l'encontre de ses désirs, de ses ordres, en nous faisant bon accueil ?

Le 16 mars, le résident fait demander au provicaire les livres de l'état civil. Le Père les refuse d'abord ; puis, sur l'assurance que ce n'est qu'à titre de renseignement et que les livres lui seront rendus, il dit que ses registres de paroisse sont à la disposition du résident ; mais, quand on vient pour les prendre, ils ont disparu.

Ainsi, de la part de la mission comme de la part des chefs et de la population, tantôt résistance ouverte, tantôt protestation, tantôt force d'inertie. Cela dure pendant près d'un an, jusqu'au 13 février 1881.

C'est alors que, suivant les instructions de l'amiral Jauréguiberry, ministre de la marine et des colonies, M. Chessé, commissaire de la République, commandant des établissements français, qui venait d'obtenir de Raïatea-Tahaa une demande de protectorat, et de Pomaré V la renonciation à ses pouvoirs sur Tahiti, les Tuamotus, Tubuaï, etc., arriva à Mangareva à bord du *Guichen.*

A son arrivée, il trouva sur le trône des Gambier Bernardo, qui, à la mort de Philomèle, avait été nommé roi. Le peuple continuait à obéir aux chefs et au conseil, qui ne reconnaissaient pas le résident : celui-ci, frappé d'ostracisme, vivait comme dans un désert ; quand il ordonnait, on ne l'écoutait pas ; on se laissait mettre en prison sans rien dire, avec fanatisme, comme on se serait laissé rouer de coups.

M. Chessé profita de la visite que lui firent en corps les PP. Nicolas Blanc, Roussel et Barnabé, pour leur déclarer qu'il ne voyait d'autre moyen de sortir de cette situation qu'une annexion définitive ; qu'ils pouvaient mieux que personne l'y aider et qu'il comptait sur leur concours. Il fut convenu que le roi, le conseil et les chefs demanderaient au commandant une entrevue et que le P. Nicolas servirait d'intermédiaire. Après plusieurs conciliabules, le peuple fut convoqué pour le 21 février. Il y eut ce jour-là deux grandes assemblées ; à 4 heures, M. Chessé obtenait la signature d'une déclaration demandant l'annexion de l'archipel Gambier à la France. Les missionnaires, ne pouvant faire autrement, s'étaient mis du côté du manche.

Les officiers du *Guichen* offrirent à toute la population un grand banquet, à la suite duquel les Mangaréviens dansèrent et chantèrent suivant leurs anciennes coutumes.

Quelques mois après, le 2 septembre 1881, un nouveau code, que M. Chessé avait discuté, article par article, quinze jours de suite, avec la mission, les chefs et le peuple, fut promulgué dans l'archipel.

Au point de vue civil et pénal, il ne contient en majeure partie que des dispositions de la loi française; seulement ces dispositions sont restreintes et adaptées, pour ainsi dire, à la taille des Mangaréviens.

Un des articles dispose que, sur sa déclaration au résident, tout indigène pourra se mettre sous le régime de la législation française pure et simple.

La Constitution laisse à l'archipel une certaine autonomie quant à son organisation intérieure. Sauf celle du résident, toutes les fonctions indigènes sont électives. L'assemblée du district, composée de tous les hommes âgés de plus de 21 ans, est à la tête de la communauté; elle a comme délégués un grand chef, un conseil de district, un tribunal, une école et des agents de police. Mêmes institutions et juridictions à un degré supérieur au chef-lieu de l'archipel. Le roi et l'ancien conseil de régence n'existent plus.

Le 30 janvier 1882, le Président de la République signa le décret dont la teneur suit :

ARTICLE 1er. — La convention conclue le 21 février 1881 entre le roi et les chefs des îles Mangareva (îles

Gambier) et le représentant du gouvernement en Océanie, est approuvée.

Art. 2. — Un résident français sera institué dans cet archipel par l'administration au nom du gouvernement de la République.

Art. 3. — Le roi recevra du gouvernement une pension annuelle et viagère de 5,000 fr. en échange de sa renonciation à toute perception directe des impôts. L'ancien régent Arone[1] jouira dans les mêmes conditions d'une pension annuelle et viagère de 1,200 fr.

Ces allocations seront prélevées sur les revenus de l'archipel.

Le décret était contresigné par MM. Gambetta et Rouvier.

Depuis l'annexion, l'esprit de la population est excellent et les rapports avec la mission ont été à souhait; c'est un revirement absolu.

La pêche de la nacre suffirait à rendre l'archipel prospère, si le caractère insouciant des insulaires et leur goût pour l'alcool ne les entraînaient à dépenser tout ce qu'ils gagnent. Environ 20 goëlettes, dont une seule française, vont acheter la nacre à Mangareva. Le paiement se fait deux tiers en argent, un tiers en marchandises; malheureusement, l'alcool est considéré aussi comme une marchandise.

1. Arone était mort le 30 octobre 1881.

Les indigènes n'ont d'autres cultures que celles de l'arbre à pain, qui leur donne leur infecte *popoï*, et du bananier, qui pousse tout seul. Les quelques plantations de taro et de manioc sont cultivées par des hommes des Tuamotus ou de Rapa.

Le coton, dont on voit çà et là de beaux pieds, vient parfaitement ; les produits sont longs et soyeux; mais on ne s'occupe même pas de les ramasser. L'oranger, le caféier, sont abondamment chargés de fruits, mais il y en a fort peu et on ne ramasse guère plus le café que le coton.

Les cocotiers et les pandanus sont assez nombreux ; le récif qui entoure les Gambier forme une ceinture d'environ 20 milles de développement où ils viennent en abondance ; c'est une véritable et grande Tuamotu, dont les produits pourraient devenir une source de richesse.

La culture du coco et du café permettrait l'achat de farine, et créerait un mouvement commercial, tout en fournissant une nourriture plus saine.

On ne peut pas dire que la nature ait été ingrate à l'égard de ces îles. Si elles ne sont pas aussi fertiles que celles de Tahiti et de Moorea, elles le sont plus que les Tuamotus; mais le naturel indolent et imprévoyant des indigènes les empêche de se livrer à la culture, qui leur fournirait cependant, avec l'élevage des animaux et la pêche du poisson, le moyen d'améliorer leur régime alimentaire, peut-être même d'acheter les denrées et les objets qui leur manquent et qui leur sont nécessaires. Cette population paraît tellement docile et soumise qu'il suffirait, pour arriver à ce résultat, que l'autorité locale lui en donnât le conseil[1].

---

1. *Messager de Tahiti.*

CONCLUSION

Quel enseignement pouvons-nous tirer de cet épisode de notre histoire coloniale ?

D'abord, il est un exemple frappant de l'incurie, de la mollesse, qui, depuis un demi-siècle, ont compromis nos affaires en ce genre.

Ici comme ailleurs, un seul ministre du second Empire a eu la main ferme, l'intelligence nette de ses devoirs et des véritables besoins du pays : M. de Chasseloup-Laubat. Mais on a pu voir jusqu'à quel point il était le maître, et il a fallu la chute de l'Empire, l'échec de la tentative du 16 mai, l'initiative d'un ministre patriote, l'amiral Jauréguiberry, pour délivrer la France de la perpétuelle menace d'un conflit diplomatique à propos d'une petite île perdue, et pour empêcher nos rivaux de ruiner plus tard le port de Papeete en s'emparant de celui de Rikitea. Jusque-là, ce n'a été qu'une série d'à-coups, d'hésitations, de contre-ordres ; aucune intelligence, aucun plan de conduite, aucun dessein suivi ; c'est à qui éludera les responsabilités ; c'est à qui surtout fera semblant de ne pas entendre la voix de nos agents, de nos marins, de nos officiers, de peur de déplaire à une congrégation puissante. Cette lamentable histoire ne semble-t-elle pas comme un abrégé, une réduction, dans un petit cadre, de toute la politique extérieure du régime ?

En second lieu, on a pu observer en cette affaire les inconvénients, les dangers qui résultent du mélange des intérêts spirituels avec les intérêts temporels, soit politiques, soit commerciaux. Une propagande sage, éclairée, tolérante, peut améliorer les âmes en y faisant pénétrer quelques notions de morale, en les habituant à la distinction du mal et du bien, en même temps qu'elle répand le nom et la langue de la France : c'est ce que nous avons vu aux Wallis, par exemple[1] ; mais là doit se borner le rôle du missionnaire. S'il entend se mêler d'administration ou de négoce, il se compromet, se diminue ; son caractère sacré, la cause de sa religion, celle de son pays, y perdent également. A plus forte raison, le gouvernement métropolitain ne saurait-il

1. *Politique française en Océanie*, etc.

mettre aux mains d'un prêtre, et particulièrement d'un membre du clergé régulier appartenant à une congrégation cosmopolite, le pouvoir, l'autorité qui s'attachent dans le monde au titre de représentant officiel de la France. Le missionnaire peut être, en un certain sens et en de certaines limites, un agent de progrès moral, un instrument de civilisation ; il est et sera toujours, aussi bien que le soldat, un médiocre instrument de colonisation. La colonisation est l'œuvre de l'agriculteur, de l'industriel, du commerçant, auxquels le prêtre et le soldat ont frayé la voie par la persuasion ou par la force ; ceux-ci doivent seconder les premiers, ils ne sauraient les suppléer.

M. l'amiral Aube a touché au vif du sujet, en 1870, dans ses *Notes de voyage :*

L'Église catholique, disait-il, se proclame immuable et fonde cette doctrine sur la déduction logique de principes fixes, posés par la foi, c'est-à-dire par quelque chose qui échappe à tous les raisonnements humains, et qui, par cela même, sont ou se proclament au-dessus de toutes les idées fondamentales de ces sociétés modernes où l'on a pu dire que la loi est athée[1], c'est-à-

1. Non pas *athée*, mais *laïque*.

dire l'expression de la seule conscience humaine ; dès lors, il est naturel de retrouver aux Gambier, dans ces îles perdues au milieu de l'Océan, habitées par quelques centaines d'Indiens ignorés du monde, les mêmes règles, les mêmes lois, les mêmes institutions politiques que celles qui ont régi l'Europe à l'époque où l'Église gouvernait le monde, sous l'énergique volonté des Grégoire et des Innocent, alors que les papes, arbitres du juste et de l'injuste, faisaient et défaisaient à leur gré les rois et les empereurs, liaient à l'obéissance ou déliaient de leurs serments les plus puissantes nations. Dès lors aussi, n'est-il pas logique que le gouvernement des Gambier, œuvre des missionnaires catholiques, soit un despotisme plus ou moins bienveillant, plus ou moins tyrannique, cherchant la sanction de ses actes, celle des lois qu'il établit, non dans la justice telle que nous la comprenons, mais dans les principes religieux, supérieurs à cette justice même ? Un tel état de choses doit disparaître. Qui en doute ?

Et l'auteur cite ce passage des *Césars*, de M. le comte de Champagny :

« *Le christianisme par sa nature n'est point politique ; il est humain, il met la cité bien au-dessous de l'homme, les affaires de l'État bien après celles de la conscience ; l'État, la nation, la famille même, ne sont, à ses yeux, que des nombres, l'homme est la véritable unité. L'État, la nation, la famille, sont des liens utiles et sacrés, des communautés légitimes et nécessaires, quoique purement terrestres et par suite périssables ; elles existent pour l'homme et non l'homme pour elles*[1]. »

Ces lignes d'un éminent écrivain catholique, reprend l'amiral Aube, complètent nos observations. Elles font comprendre aussi l'impuissance absolue à laquelle se sont vus réduits tous les missionnaires, l'œuvre de la conversion achevée, pour instituer un gouvernement, j'entends un gouvernement en harmonie avec les idées modernes. Catholiques ou protestantes, toutes les missions océaniennes offrent en spectacle des sociétés arrivées en quelques années à la civilisation du moyen âge, et s'arrêtant, incapables d'un nouveau progrès. C'est que ces progrès trouveraient leur principal obstacle dans les convictions les plus profondes des guides qu'elles se sont donnés. C'est que ces progrès, qui datent de la Réforme, ou plutôt de la Révolution française, sont les conquêtes, précieuses à nos yeux, fatales à ceux des missionnaires, de ces sciences modernes que l'Église a combattues tout d'abord, qu'elle n'admet et ne peut admettre que si elles s'inclinent devant sa science immuable, devant ses dogmes, ou si l'on aime mieux, des traditions qui sont la négation de toute science positive.

Néanmoins, il faut que l'humanité marche, qu'elle obéisse à cette loi supérieure et générale, aussi bien en Europe que dans la plus obscure des îles perdues sur l'Océan. L'œuvre des missionnaires est accomplie ; qu'ils fassent place aux apôtres des idées nouvelles qui, seules, peuvent produire ce progrès nécessaire.

---

1. *Les Césars*, par le Cte de Champagny, t. IV, p. 292. 4e éd.

Nous avons cru devoir entrer dans ces considérations sur la situation exacte des missions de Mangareva, parce que c'est sur cette île, insignifiante à tous les autres points de vue, que se révèlent avec le plus de clarté les difficultés de la situation faite aux missionnaires et aux autorités coloniales dans nos établissements de l'Océanie.

Nous espérons que ce sera également notre excuse : des assertions plus ou moins générales, plus ou moins vagues, eussent pu être suspectées, il fallait entrer dans le détail des faits.

Nous espérons aussi que la leçon ne sera point perdue pour les politiques, et que notre étude ne sera pas inutile aux futurs historiens de la conquête de l'Océanie par l'Europe.

L'ARCHIPEL DES ILES TUAMOTUS

L'ARCHIPEL DES ILES TUAMOTUS

I

Le pays et les habitants. — Histoire. — Organisation administrative.

Nous venons de voir que les îles Gambier n'ont de valeur que par le port de Mangareva, qui, aux mains d'une autre nation, aurait pu devenir un point d'escale pour les lignes de paquebots allant d'Amérique en Australie, et faire concurrence à Papeete.

Les îles Tuamotus présentent un intérêt différent : elles sont un centre d'opérations commerciales, dont l'importance serait aujourd'hui beaucoup plus considérable si nous avions su en tirer parti.

Nous avons expliqué, dans notre précédent ouvrage[1], le mode de formation madréporique de

1. *La Politique française en Océanie*. Chapitre Ier, p. 39-51.

ces îles. On en compte à peu près 80; elles s'étendent sur une longueur de 300 lieues en longitude et de 200 lieues en latitude. Toutes, sauf Makatea, Tikei et Rekareka, sont de longs récifs de 400 à 500 mètres de large, entourant un lac intérieur, qui a parfois (comme à Fakarava et à Ruïroa) 90 ou 100 milles de tour. Plusieurs sont inhabitées[1].

Du côté du large, elles n'offrent aucun mouillage ; les récifs coralligènes sont à pic : les bâtiments entrent dans les lacs intérieurs par les coupures des récifs.

En divers endroits de ces grandes ceintures de corail, les détritus ont formé, avec le temps, une faible couche de terre végétale, où les pandanus et une espèce de buis, appelé *mikimiki*, se sont mis à pousser en fourrés épais. Plus tard, les indigènes y ont planté des cocotiers qui ont admirablement réussi ; ces arbres viennent presque sans culture, et sont aujourd'hui la principale richesse de l'archipel. On y a introduit aussi la canne à sucre et quelques pieds d'orangers et de citronniers.

1. Pour la nomenclature des îles et la navigation, voyez Dépôt des cartes et plans de la marine, n° 602 : *Océan Pacifique Sud*. Notice n° 6.

L'eau douce est rare ; celle qu'on recueille dans les puits est saumâtre, calcaire ; c'est l'eau de coco qui sert de boisson ; les indigènes font cuire le poisson dans l'eau de mer ou le mangent cru.

Le climat, très chaud pendant le jour, est tempéré la nuit par les vents alizés ; la moyenne thermométrique est de 20°5 à l'ombre. L'état sanitaire est bon et les maladies graves sont peu nombreuses. Les affections les plus répandues sont l'éléphantiasis, la syphilis, la phthisie et le carreau. Les alcools falsifiés que les maisons de Hambourg vendent en contrebande tuent plus de monde que les maladies épidémiques.

Les habitants, au nombre d'environ 5,500[1], ressemblent à ceux de Tahiti, et plus encore à ceux des Marquises. Il est probable que les premiers habitants des Tuamotus ont été des Marquisiens poussés par les courants ou les tempêtes. Ils parlent la même langue. Quoique plus noirs de peau parce qu'ils sont plus exposés au soleil, et d'un caractère plus rude, ils ont la même beauté de formes et la même expression de physionomie.

1. Il y a 37 blancs : 13 Français (dont 4 fonctionnaires et deux missionnaires), 11 Américains du Nord, 5 Anglais, 2 Belges missionnaires, 2 Danois, 1 Américain du Sud, 2 Allemands, 1 Espagnol. Il y a aussi 1 Chinois. La population est catholique, sauf un millier de Mormons non polygames.

Ils sont plus robustes et plus actifs. C'est une bonne race de marins. Leur nombre augmente. Les insulaires de l'ouest, du nord, qui ont ressenti les heureux effets de la protection de la France[1], lui sont très attachés, et, chaque fois qu'un bâtiment arrive, ils lui font un excellent accueil. En revanche, on trouve, dans quelques-unes des îles du sud et de l'est, Vana-Vana et Tematangi par exemple, des sauvages qui, il y a très peu de temps encore, n'avaient eu aucun contact avec les Européens et étaient même restés anthropophages.

Les îles Tuamotus furent découvertes par Bougainville, qui avait alors pour compagnon de voyage le prince de Nassau et le naturaliste Commerson ; il leur donna le nom d'*Iles Basses*, ou *Archipel de la mer mauvaise.* L'année suivante, Cook les désigna sous le nom d'*Archipel dangereux.* Les Tahitiens les conquirent après de longs et meurtriers combats, et changèrent leur nom de *Pomotus*[2], ou îles de la nuit, îles mystérieuses

1. Ils sont civilisés au point que, dans chaque case, il y a une machine à coudre.

2. On se souvient que l'*u* final doit se prononcer *ou : Pomotou, Tuamotou,* etc.

(*po*, nuit; *motu*, île) en celui de *Paumotus* (*Pau* soumis). On se rappelle comment, en 1851, les chefs de l'archipel demandèrent à l'amiral Bonard, gouverneur des établissements français, de supprimer ce nom, qui rappelait leur ancien état de vasselage, et comment le Parlement tahitien, dont ces chefs faisaient partie, leur donna celui, qu'elles ont gardé, de *Tuamotus* (*Tua*, étendue, chaîne). Elles ont été englobées dans les États du protectorat français en 1859, et annexées, en même temps que Tahiti, etc., le 30 décembre 1880.

L'organisation administrative est la même que celle de Tahiti et de Moorea. Le territoire est divisé en districts. Chaque district est dirigé par un chef, assisté d'un conseil qu'il préside ; les autres membres de ce conseil sont : le juge, le chef mutoï (chef de la police) et deux *hui-raatira* (propriétaires). Les appels des jugements rendus dans les districts ont lieu à Papeete. Les conseils de villages se constituent dans les îles aussitôt que la population est assez nombreuse.

L'administration supérieure est confiée, depuis le 26 avril 1864, à un résident, qui dépend à la fois du commandant en matière de gouvernement, de l'ordonnateur en matière administrative, et du directeur des affaires indigènes pour tout ce qui concerne la population indigène. Il remplit aussi les fonctions de juge de paix et d'officier de l'état-civil. Il a sous ses ordres un agent spécial qui est à la fois trésorier-payeur, percepteur des affaires indigènes, receveur des contributions, chef du service de la poste et greffier-notaire. Avant 1878, il résidait à Anaa, île sans port, sans mouillage; les goëlettes étaient obligées de rester au large du récif. Il n'avait la plupart du temps aucun bâtiment à sa disposition. A la suite d'un cyclone qui dévasta son établissement en 1878, la résidence fut transférée à Fakarava, munie d'une belle entrée, d'un vaste lagon intérieur, de bons mouillages.

Le résident parcourt de temps à autre l'archipel sur une goëlette de la station locale; il a ordre d'organiser partout l'état-civil, les rôles des contributions, les conseils de districts et les écoles. C'est une opération de longue haleine et de grande importance pour l'avenir.

Mais l'archipel est trop vaste pour que son autorité puisse s'exercer d'une manière efficace sur plus de trois ou quatre îles par année : il serait expédient de le diviser en trois groupes, dont l'un serait administré par le résident, et les deux autres, sous ses ordres, par des sous-résidents qui pourraient n'être que de simples agents ou des officiers d'un grade inférieur, et qui disposeraient aussi de moyens de transport. Son influence y deviendrait plus grande ; la perception de l'impôt s'opérerait plus aisément ; l'autorité de la France s'étendrait sans difficulté sur les îles les plus éloignées.

Ces agents pourraient visiter constamment toutes les îles placées dans leur sphère d'action, y exercer une surveillance générale et en compléter l'hydrographie. Ces îles madréporiques sont sujettes, en effet, à de grands changements : les unes s'élèvent peu à peu ; d'autres, inconnues jusqu'ici, apparaissent au-dessus du niveau de la mer ; d'autres enfin, comme Fagataufa, tendent à disparaître. Les sous-résidents exerceraient également les fonctions de juges de paix et videraient les différends sur les lieux mêmes, au lieu d'obliger les insulaires à venir, souvent de fort loin, à Fakarava. Ils promèneraient dans l'archipel le pavillon national ; ils veilleraient à ce qu'aucun autre pavillon ne vînt y commettre des actes frauduleux, et contribueraient puissamment à civiliser ces îles, dont quelques-unes, dans l'est et le sud, sont encore à l'état sauvage ; enfin ils hâteraient les opérations du recensement, qui n'est achevé que dans les îles principales[1]. On a vu que, d'après une décision du Conseil supérieur des colonies, les indigènes non recensés ne peuvent participer à l'élection du délégué à ce Conseil[2]. Il n'y a actuellement que 3,000 insulaires, sur 5,500, représentés auprès du gouvernement métropolitain. Il est urgent de faire disparaître cette inégalité, et l'institution de sous-résidents ne serait pas moins utile à ce point de vue.

Les écoles sont fort bien tenues. Il est peu d'indigènes ne sachant lire et écrire. A Rangiroa, presque tous les élèves parlent le français. On y enseigne la maçonnerie, la forge, la charpente. On pourrait accorder aux meilleurs élèves des bourses dans les écoles d'arts et métiers et d'agriculture de France, afin de développer les industries locales et de mettre les terres en valeur.

---

1. L'état civil est fort difficile à établir, car les indigènes ont l'habitude de changer de nom à chaque instant.

2. *Politique française*, etc., p. 386-389.

II

Commerce.

L'archipel a été livré trop longtemps à toutes les entreprises véreuses d'un commerce interlope : les îles les plus lointaines étaient exploitées par de véritables forbans, qui abusaient de l'ignorance et de l'abandon où on laissait les habitants.

Il faudrait faire comprendre à ces braves gens qu'ils ont tout intérêt à pêcher pour leur propre compte et à vendre leurs produits argent comptant pour acheter ensuite ce qui leur est nécessaire, au lieu de pêcher pour le compte d'étrangers qui les payent en mauvaises marchandises estimées dix fois leur valeur, et à l'égard desquels ils sont continuellement endettés. (N'est-ce pas, du reste, ce qui se passait, il n'y a pas encore bien longtemps, parmi les pêcheurs de nos côtes de France ?)

Les indigènes ont naturellement le goût du commerce. Ils n'ont pour toute nourriture que le coco, le pandanus, le poisson, la volaille et le porc ; ils ont besoin de farine, ils aiment beaucoup le pain, qui est pour eux l'aliment par excellence, et il n'est pas de sacrifices qu'ils ne fassent pour s'en procurer : ce besoin les stimule et entretient leur activité. Mais comment n'ont-ils pas encore de fours[1] ?

En 1875, on comptait déjà 80 indigènes patentés marchands, tandis qu'il n'y en avait qu'un ou deux à Tahiti. Ils ont aujourd'hui 180 côtres ou goëlettes. Jusqu'en ces dernières années, il a été très difficile de se rendre compte de la situation commerciale de l'archipel : car les quelques négociants étrangers qui monopolisaient toutes les transactions, correspondants de deux ou trois maisons anglaises ou allemandes de Tahiti, cachaient l'état réel de leurs affaires pour éloigner la concurrence.

Ce qui est certain, c'est que l'archipel Tuamotu est la principale source de richesse de Tahiti. Il produit de 390 à 400 tonneaux de nacre par an, soit, au prix moyen de 1,500 fr., 580,000 à 600,000 fr. Il exporte 756 tonnes de coprah[2], soit, à 25 centimes le kilogramme, 190,000 fr. Il

1. Le pain coûte de 1 fr. 25 à 1 fr. 50 le kilogramme. Tout est hors de prix.

2. En 1883, 943. Dans les meilleures années, de 1878 à 1883, 1,079.

est impossible d'évaluer exactement les perles. C'est, au total, un million de francs au moins par an. L'impôt donne 59,000 fr. Les Tuamotus exportent environ trois fois plus que Tahiti et Moorea ensemble; et encore ce chiffre ne représente-t-il que le tiers de ce qu'elles envoient directement à Sydney et à San-Francisco.

Un service de dépêches et de voyageurs a lieu des Tuamotus à Tahiti tous les 45 jours. Il est fait par la Société commerciale allemande, à laquelle la colonie accorde, à cet effet, une subvention de 6,000 fr. Or, le tarif de la Compagnie est exorbitant : 40 fr. par tonne; ce qui, en prenant les mêmes bases, ferait 500 fr. de Tahiti à San-Francisco, et 2,500 à 3,000 fr. de Tahiti en France. Encore les Allemands ne reçoivent-ils pas les marchandises quand leurs propres affaires peuvent en souffrir.

Une partie des produits des Tuamotus continuent d'aller à Raïatea, où ils esquivent les droits d'octroi de mer : il se fait toujours ainsi un commerce clandestin sur une assez vaste échelle. On vend, comme par le passé, un grand nombre de nacres qui n'ont pas la taille réglementaire, et l'on achève d'épuiser les bancs. Tandis que nos nationaux acquittent la redevance de 40 fr. par tonne, les Allemands ne payent rien: le commerce français ne peut lutter contre cette fraude régulièrement organisée. On le voit, l'indépendance des îles sous le Vent est, de toute manière, la ruine de Tahiti.

Sur les 22 ou 25 goëlettes qui fréquentent l'archipel, 2 seulement sont françaises. Presque toutes les marchandises vendues viennent d'Angleterre, d'Allemagne, d'Amérique; les nôtres sont trop chères. La Compagnie allemande et une maison anglaise ont des représentants à Anaa et Fakarava.

Le commerce qui a le plus d'avenir est celui du coprah : on peut dire que chacune de ces îles est une source, une fontaine inépuisable d'huile de coco.

Celui des nacres, au contraire, est terriblement atteint. M. Brander fut le premier à faire cette pêche dans les Tuamotus; il fut suivi de près par plusieurs autres commerçants étrangers. Au début, on en exporta beaucoup en Europe; la pêche des nacres était alors facile : elles se trouvaient en assez grande quantité, de belle qualité, et par de petits fonds. Les plongeurs les vendaient à vil prix aux négociants de Papeete. Aujourd'hui elles sont rares, petites, et se trouvent par des fonds de 25 à 30 mètres, ce qui en rend la pêche très pénible. Les prix d'Europe, peu rémunérateurs, ont amené plusieurs négociants à abandonner ce genre d'affaires. Le prix de la nacre prise dans les Tuamotus est actuellement de 1 fr. le kilogramme, ce qui fait 1,000 fr. la tonne + 40 fr. de droits d'octroi de mer par tonne = 1,040 fr. Si l'on ajoute à ce prix le chiffre du fret pour les porter en Europe, on arrive à une somme de 1,150 à 1,200 fr. la tonne, juste le prix de vente actuel en Europe : donc point de bénéfice à réaliser.

La compagnie Haymann (à laquelle un de nos résidents, M. Mariot, servait de représentant dans les Tuamotus), munie d'un matériel sérieux, n'a pas réussi, tant s'en faut : après six mois passés dans ces îles, M. Mariot revint avec trois tonnes de nacres qui furent saisies comme n'ayant pas les dimensions réglementaires, et la compagnie dut se dissoudre.

M. Bouchon-Brandely, secrétaire du Collège de France, a été chargé, il y a deux ans, d'une mission dans l'archipel Tuamotu, et a adressé au ministre de la marine un intéressant rapport sur la pêche des nacres et la culture des huîtres perlières[1].

La France, dit-il, possède à l'archipel Tuamotu la plus vaste pêcherie qui soit au monde. Sur les 80 îles dont elle se compose, il n'en est que 5 ou 6 ne produisant pas de perles. Seulement cette immense pêcherie est loin de donner des revenus proportionnés à ceux que l'Angleterre retire des établissements de même ordre situés dans ses possessions de l'Inde. Le mode d'administration n'est d'ailleurs pas le même. L'Angleterre s'est emparée des pêcheries, les exploite pour son propre compte ou les concède à des fermiers moyennant de fortes redevances. Le gouvernement français, lui, accorde la libre pratique de la pêche sur les gisements huîtriers, ne prélève aucun impôt sur le trafic des perles, n'exerce aucun contrôle. Cette apparente indifférence ne s'expliquerait pas si l'on ne savait que nous ne sommes absolument maîtres de l'archipel Tuamotu que depuis 1880, et que nous n'avons pu, par conséquent, étudier dans un délai aussi court le régime sous lequel il conviendrait de le placer pour en tirer les avantages qu'une bonne administration nous procurera dans l'avenir. Assurément, les îles Tuamotus ne sont pas aussi riches en perles que les pêcheries de l'Inde. Néanmoins,

---

1. Rapport au ministre sur la pêche et la culture des huîtres perlières à Tahiti. — Paris, imp. du *Journal officiel,* 1885. — Cf. *Commerce et production des nacres et des perles dans l'Océanie française,* par le docteur Harmand (*Bulletin de la Société de géographie commerciale de Paris,* t. III, p. 154-161).

bien que les bases d'évaluation fassent défaut, il est à supposer qu'elles en fournissent pour plusieurs centaines de mille francs par an.

Quelles mesures conviendrait-il de prendre pour détourner le commerce des perles à notre profit et soustraire l'industrie française, pour ce qui est des perles de Tahiti au moins, à la dépendance des étrangers ? On avait songé à frapper de droits élevés les perles destinées à être vendues en premier lieu ailleurs que chez nous, alors qu'on aurait affranchi de tous droits celles qui doivent être envoyées directement sur les marchés français ; mais on reconnut que ce moyen serait sans effet, étant donnée la facilité avec laquelle on peut dissimuler cette précieuse marchandise. On passe la nacre en fraude, à plus forte raison passerait-on les perles.

M. Mariot, ancien résident aux Tuamotus, proposait un système qui mérite d'être signalé : « Je pense, disait-il, qu'on leur ferait (aux perles) facilement prendre le chemin de Paris en créant aux Tuamotus une succursale de la caisse agricole de Tahiti, qui payerait aux propriétaires des perles le quart de la valeur estimée avec des balances et un bon tarif, la différence étant rendue, moins un tant pour cent pour les frais généraux, lors de l'avis de vente de Paris. »

J'estime que le procédé indiqué par M. Mariot mériterait d'être examiné et étudié avec soin. Nos grands négociants en perles et les grandes maisons de joaillerie n'y trouveraient-ils pas non plus l'idée de la formation d'un syndicat et de la création d'un puissant comptoir d'achat aux Tuamotus ?

Pour la nacre, voici ce que dit M. Bouchon-Brandely :

Le commerce de ce produit devient de plus en plus considérable. L'Angleterre n'importe pas moins de 5,000 à 6,000 tonnes de nacre par an ; l'Allemagne de 1,200 à 1,500 tonnes. Quant à la France, son chiffre d'importation est d'environ 2,500 tonnes, représentant une valeur de 7 millions. L'industrie française (la tabletterie, la marqueterie, l'ébénisterie, l'éventail, le bouton surtout) emploie la presque totalité de la nacre introduite dans notre pays, tandis que l'Angleterre ne retient, pour ses besoins industriels, que le vingtième de ce qu'elle reçoit et cède le reste à la France, à l'Autriche et à l'Amérique du Nord.

C'est en France, en effet, que se fabriquent, en grande partie, les objets dans la composition desquels entre la nacre. Il est impossible d'estimer la valeur marchande de ces objets, une fois mis en vente, mais elle doit atteindre un chiffre très élevé.

L'Autriche, depuis quelques années, devient pour nous une rivale sérieuse. On évalue à 8,000 le nombre des ouvriers employés au travail de la nacre dans ce pays.

En 1883, la France a importé 2,235 tonneaux de nacre, savoir :

	Tonnes.
D'Égypte.	13
Des Indes hollandaises	11
A reporter.	24

	Tonnes.
Report	24
De la Nouvelle-Grenade	13
D'Allemagne	18
Du Japon	19
Des Pays-Bas	63
Du Mexique	85
Des Indes anglaises	92
D'Australie	303
De pays divers	37
D'Angleterre	1,553
Et de Tahiti, seulement	28
	2,235

Deux chiffres ressortent de ce tableau : celui de 1,553 tonnes représentant la quantité énorme de nacre que notre industrie est tenue d'acheter à l'Angleterre, et le maigre chiffre de 28 tonnes représentant celle que nous tirons directement de nos établissements d'Océanie[1]. Or les îles Gambier et Tuamotus produisent chaque année environ 600 tonnes de nacre, mais cette nacre va en Angleterre ou en Allemagne, au lieu de prendre la direction naturelle des ports français. Notre industrie paye de la sorte à nos voisins d'outre-Manche un tribut fort onéreux, dont elle voudrait bien être exonérée.

1. Ce chiffre, relevé dans la statistique des douanes françaises, ne concorde pas avec celui que m'ont donné de grands marchands de nacre de Paris, ni avec celui qui m'a été fourni par le service des contributions à Papeete. Selon les renseignements émanant de cette source, environ 70 tonnes viendraient directement de Tahiti en France. (Note de M. Bouchon-Brandely.)

Parmi les causes de dépeuplement des lagons aux Tuamotus, M. Bouchon-Brandely signale les suivantes :

1° Pêche abusive à laquelle se sont livrés, depuis ces 15 ou 20 dernières années, les pêcheurs tuamotus, à l'instigation de marchands peu avisés ; capture des jeunes huîtres ;

2° Absence de toute surveillance ;

3° Impuissance des mesures administratives tendant à réglementer la pêche dans l'archipel ;

4° Absence de dispositions efficaces ayant pour objet la régénération des lagons.

Il approuve d'abord le système qui consiste à soumettre les lagons à la coupe réglée, en frappant, à tour de rôle, d'interdiction, ceux dans lesquels la pêche s'est exercée librement pendant plusieurs années ; cette interdiction s'appelle *rahui ;* le *rahui* est prononcé par arrêté du gouverneur pour une période dont la durée varie entre deux et cinq ans.

Il démontre ensuite :

1° Que l'huître perlière est susceptible d'éducation à l'égal de l'huître comestible et qu'on peut en recueillir le frai ;

2° Que l'on peut créer dans la colonie tahitienne des

établissements ostréicoles réunissant les chances les plus favorables de succès ;

3° Qu'il est possible non seulement d'arrêter l'appauvrissement des lagons tuamotus, mais de les régénérer et de les rendre plus prospères et plus productifs que jamais.

En conséquence, la première mesure qui s'impose est l'organisation d'un service spécial d'ostréiculture analogue à celui que les Anglais ont établi dans l'Inde et les Hollandais dans leurs possessions d'Asie : ce service aurait dans ses attributions la surveillance des lieux de pêche, et c'est là le point important ; il assurerait le respect des règlements, empêcherait la fraude fiscale et la contrebande, veillerait à l'exécution des contrats passés entre patrons et plongeurs, tiendrait le gouverneur au courant de la situation des pêcheries, lui indiquerait celles en état d'être ouvertes à l'exploitation et celles où il faudrait établir le *rahui*, déterminerait les points sur lesquels il est nécessaire de créer de nouveaux foyers de reproduction et s'occuperait de l'entretien de ces cantonnements.

A dater du jour où un service de surveillance efficace aurait été institué, l'œuvre du repeuplement des lagons pourrait être utilement entreprise.

Les grosses dépenses, dit M. Bouchon-Brandely, résulteraient de l'entretien du bateau garde-pêche et de la solde de l'équipage. Mais ne pourrait-on pas remplacer les trois goëlettes affectées au service local: l'*Aoraï,* l'*Orohena,* le *Taravao,* impuissantes, de l'avis de tout le monde, à remplir la mission qui leur est dévolue, par deux bateaux à vapeur de petit tonnage dont l'un serait affecté au service spécial des Tuamotus, et l'autre resterait à la disposition du gouverneur et lui rendrait plus de services que n'en ont rendu les trois goëlettes, inutiles s'il en fut, car elles ne peuvent sortir de la rade de Papeete que par des temps exceptionnellement beaux? Il paraîtrait que cette transformation pourrait s'opérer sans grande augmentation de dépenses.

Quoi qu'il en soit, si nous voulons mettre un terme à une situation qui s'aggrave de jour en jour et menace les indigènes d'un dénuement absolu; si nous voulons préserver d'une ruine totale nos admirables pêcheries d'Océanie; si nous voulons que la colonie tahitienne prospère, il est de la dernière urgence de s'imposer immédiatement quelques sacrifices et d'entrer dans la voie que je viens d'indiquer. Nos pêcheries tuamotus sont uniques, elles réunissent les meilleures conditions pour devenir des centres d'une richesse incomparable pour la culture et la reproduction de la nacre. Avec elles, nous pouvons nous constituer un monopole d'autant plus précieux qu'aucun pays ne pourra jamais nous le disputer sérieusement, et que, dans un temps prochain, par suite de l'exploitation abusive des gisements huîtriers, la nacre deviendra d'une grande rareté. Je crois très sincèrement que si ces pêcheries étaient convenablement administrées, le rendement actuel, qui en est d'un million de francs par an, atteindrait un chiffre voisin de 8 à 10 millions...

Quelles que soient les bonnes dispositions des indigènes, il serait nécessaire, au début, de leur venir en aide et de les encourager. En conséquence, je proposerais qu'il fût institué des primes pour ceux qui, par leur travail, auraient obtenu les meilleurs résultats. De ce chef, la dépense serait peu élevée et la colonie la prendrait sans doute à sa charge.

Je proposerais encore qu'un millier de caisses ostréophiles fussent envoyées de France au gouverneur de Tahiti, pour être, par l'intermédiaire des résidents et chefs de district, données ou, pour mieux dire, confiées aux indigènes à qui incomberait le soin d'établir les premiers foyers de reproduction. Ces caisses serviraient de modèles, et le Tuamotu, fort habile dans le métier de charpentier, ne manquerait pas, les ayant sous les yeux, d'en construire de semblables [1].

En terminant, l'auteur exprime le vœu que les

---

1. L'établissement de l'ostréiculture dans nos possessions d'Océanie comporte la solution d'une question pendante depuis longtemps, celle de la propriété des lagons. Tant que cette question n'aura pas été définitivement tranchée, il sera impossible d'entreprendre quoi que ce soit. Il est bien évident que les indigènes et les ostréiculteurs français disposés à aller porter leur industrie dans ces pays lointains ne s'y installeront qu'autant que des concessions maritimes leur auront été régulièrement données et qu'ils seront assurés de n'en être pas dépossédés à la suite de procès.

grands marchands de nacre et de perles fines de Paris forment des syndicats pour la création d'établissements ostréicoles à Tahiti et aux Tuamotus :

Je sais qu'un projet de ce genre a été ébauché et que la réalisation en a été ajournée jusqu'à ce que l'administration coloniale ait pris des décisions définitives quant à l'exploitation des pêcheries. Je désire vivement que ce projet ne soit pas abandonné ; le commerce français ne pourra qu'en tirer grand profit.

A la suite de l'insertion de ce rapport au *Journal officiel*, un assez grand nombre d'ostréiculteurs français écrivirent à l'auteur pour lui demander des renseignements sur sa mission, témoignant du désir d'aller s'installer à Tahiti. Il n'est pas douteux que, le moment venu, et après un appel du ministère aux populations maritimes, l'administration coloniale reçoive de nombreuses demandes de concessions pour la culture de la nacre. Il y aurait de très grands avantages à favoriser ce mouvement d'émigration : les ostréiculteurs français sont laborieux, actifs, économes ; seulement, comme ils ne sont pas très fortunés, et que beaucoup reculeraient devant la dépense du voyage, l'État ferait œuvre utile en leur accordant passage sur ses transports ; la dépense serait minime. On pourrait, dans certains cas, ne les admettre que sous la condition du remboursement des frais de nourriture.

En outre, la colonie consentirait peut-être à quelques sacrifices pour attirer des hommes capables d'y créer une industrie nouvelle et fructueuse. Elle a déjà fait pour l'immigration, à différentes reprises, des dépenses assez considérables. Les émigrants français lui rendraient d'autres services que ceux qu'elle recrute aux Gilbert ou que les Chinois, dont beaucoup de personnes à Tahiti désirent l'expulsion. Enfin, habitués pour la plupart aux travaux des champs, les ostréiculteurs établis dans la colonie auraient assez de loisirs pour se consacrer à l'agriculture.

Outre le coprah, les nacres et les perles, les Tuamotus offrent encore d'autres ressources commerciales qui ont été trop négligées jusqu'ici : la bourre de coco, par exemple, qui est fort belle. Les marchands, qui se plaignent souvent de manquer de fret de retour, ne l'achètent pas ; ont-ils tort ou raison ?

Le calcul suivant, fait par M. Mariot, va répondre à cette question :

La bourre brute se compose de trois éléments : 1° de fibres longues ; 2° de fibres courtes ; 3° de poussière.

Les fibres longues peignées valent en Europe 2 fr. le kilogramme. Les fibres courtes cardées y valent 1 fr. La poussière, qui est un engrais, n'est pas cotée.

Chacune de ces matières se divise à peu près en trois parties égales ; la grande bourre domine cependant.

On peut donc dire que 3 kilogr. de bourre brute valent 3 fr.

Donc, 1 kilogr. de bourre brute vaut 1 franc, moins le prix du travail mécanique de transformation, que j'estime à 10 cent , ce qui fait 90 cent. le kilogramme.

Or, aux Tuamotus on peut se procurer la bourre brute pour la peine de la prendre, ce que j'estime à 5 cent. le kilogramme ; son transport à Tahiti vaut 10 cent. ; l'expédition en Europe, fret, embarquement, commission, droits, 40 cent. ; ce qui met la bourre brute rendue en Europe à 55 cent., plus les frais d'emballage et de pressage, qui reviennent à 15 cent. le kilogramme ; soit alors 70 cent. le prix de revient à l'expéditeur, qui peut la vendre 90 cent. : soit, par tonneau, un assez joli bénéfice de 200 fr., à partager entre l'expéditeur et le préparateur en Europe.

La bourre brute devrait être amenée à Tahiti dans son état naturel, et là on la ferait passer entre les cylindres d'un moulin à cannes, convenablement distancés : opération qui redresserait la bourre, que l'on mettrait ensuite en balles à l'aide de la presse hydraulique.

Les indigènes préparent de la bourre fort belle pour la confection des napés (tresses) et des cordes pour leurs pirogues, mais leur procédé est long et demande un grand emplacement. Ils font rouir la bourre dans l'eau de mer pendant 8 mois ; la poussière s'en va facilement alors en frappant seulement les paquets tenus à la main sur un morceau de bois. Peut-être y a-t-il un moyen économique et moins long pour faire rouir cette bourre, mais je ne le connais pas. S'il en est un, on rendrait un signalé service en le vulgarisant.

Les Tuamotus peuvent fournir 3,000 ou 4,000 tonneaux et au-dessus de bourre par an [1].

M. Mariot est l'un des premiers qui aient signalé les fibres des pandanus ; il avait trouvé que les habitants de l'est des Tuamotus s'en servaient pour coudre leurs vêtements, après les avoir broyées avec les dents :

A ce moyen par trop primitif on peut suppléer en faisant passer ces racines entre les cylindres d'un moulin à cannes ; on les lave ensuite et on les repasse au moulin pour les essorer ; on laisse sécher et on met en balles la matière ainsi préparée.

Cette matière, soumise à une bonne lessive, à un broyage et à un peignage à l'humidité, donne des fibres d'une grande légèreté et très élastiques ; c'est une matière nouvelle que je désirerais faire connaître ; il est probable que les spécialistes en détermineraient vite l'emploi. Si les qualités que je crois reconnaître à cette fibre sont réelles, ce serait fort heureux, car les Tuamotus seules peuvent en fournir annuellement 5,000 à 6,000 tonneaux, et la récolte en est très facile. La

1. *Revue maritime et coloniale*, avril 1875.

racine adventive, prise verte, est assez lourde et elle perd par le broyage et le séchage environ les deux tiers de son poids; de sorte que si l'on payait 25 millimes le kilogramme de racine verte (et à ce prix on en aurait autant que l'on voudrait), la fibre préparée coûterait 75 millimes ; la préparation et la mise en balles, 15 centimes; les frais d'embarquement, fret, commission, etc., 35 centimes. La fibre rendue en Europe coûterait à l'expéditeur 575 millimes.

A quel prix la vendrait-il ?

Le même résident a signalé aussi le *roa,* ou *ronga :*

C'est un *mûrier,* qui croît spontanément dans tous les terrains des îles Tuamotus ; le tronc atteint quelquefois jusqu'à 50 centimètres de diamètre ; les baies blanches ressemblent aux baies du mûrier et sont assez douces au goût.

Il existe à Tahiti une plante nommée aussi roa, qui donne des fibres textiles, mais qui n'a pas les qualités du roa des Tuamotus, et ne lui ressemble que de loin.

Le roa, nommé, je crois, *Urtica æstuans,* est textile ; il est très fort, très fin, et résiste longtemps à l'action combinée de l'eau de mer et du soleil. Il serait d'autant plus désirable de le voir cultiver dans les îles, qu'il végète parfaitement à l'ombre des cocotiers et sans leur nuire. Les Tuamotus pourraient en fournir de grandes quantités.

Il y a beaucoup d'éponges, fines ou grossières.

On les trouve près des nacres et par les mêmes fonds ; cependant les indigènes ne les pêchent pas. Elles sont assez nombreuses pour donner lieu à un commerce équivalent au quart de celui de la nacre : en les payant 3 fr. le kilogramme, lavées et séchées, on déterminerait sans doute les indigènes à les pêcher.

Au point de vue industriel, les habitants des Tuamotus aiment à se bâtir de jolies maisons en pierre ; ils ont du goût pour le métier de forgeron et de charpentier : ils construisent un grand nombre d'embarcations.

En résumé, la navigation et le commerce pourraient prendre aux Tuamotus une importance considérable, si nous nous attachions à les développer en propageant partout la culture du cocotier, et en retardant, par une surveillance active, la décadence du commerce des nacres et des perles.

L'archipel, aujourd'hui menacé de ruine et de misère par notre incurie, serait, si nous le voulions, appelé à un brillant et prochain avenir commercial ; il est plus que temps d'organiser sérieusement cette belle et utile possession, et de la garantir contre les exactions des contrebandiers et la fraude de concurrents déloyaux.

L'ARCHIPEL DES ILES MARQUISES

L'ARCHIPEL DES ILES MARQUISES

I

Le pays et les indigènes.

Le pays. — L'archipel des Marquises[1], situé à 250 lieues environ de Tahiti dans la direction du nord-est, s'étend du nord-ouest au sud-est sur une longueur d'environ 200 milles. Il est compris entre 7°50′ et 10°33′ de latitude sud, 140°45′ et 143°05′ de longitude ouest.

Il est formé de deux groupes, distants de 25 lieues, qui, découverts à deux époques très éloi-

1. On consultera avec fruit : — pour la partie géographique, la Notice du dépôt des cartes et plans de la marine (602[i] Océan Pacifique Sud, N° 10, 1882), résumé de tous les écrits et cartes des navigateurs et des rapports des officiers français et étrangers ; — pour la partie ethnologique, l'excellent rapport de M le lieutenant de vaisseau Eyriaud des Vergues, résident des Marquises de 1868 à 1874, qui a condensé en quelques pages tous les travaux antérieurs (tels que *les Marquises,* par Vincendon-Dumoulin et Desgraz, 1843, les *Lettres sur les îles Marquises,* par le P. Mathias G***, 1843, *l'Archipel des Marquises*, par Jouan, etc.), contrôlés et complétés par ses observations personnelles. (*L'Archipel des Marquises,* 1 broch., 1877, chez Berger-Levrault et Cie.) On lira aussi avec plaisir: *les Derniers Sauvages, Souvenirs de l'occupation française aux îles Marquises,* 1842-1859, par Max Radiguet. 1 vol. Paris, Hachette.

gnées l'une de l'autre, ont été longtemps désignés sous des noms différents.

Le groupe sud-est comprend cinq îles : Fatu-hiva (ou *Madeleine*), Motane, Tahuata, Hiva-Oa (ou *Dominique*), Fatu-Kutu (ou *Hood*).

Le groupe nord-ouest comprend sept îles : Uapu (ou *Marchand*), Ua-Uka, Nuka-hiva, Motu-Iti (ou *Hergest*), Eiau (ou *Masse*), Hatutu, et une île de corail au nord[1].

Toutes ces îles, d'origine volcanique, semblent dues à un soulèvement très ancien. Leurs falaises abruptes, noirâtres, tombent à pic dans la mer, et vont rejoindre, dans l'intérieur, de hautes montagnes aux crêtes aiguës.

De loin en loin, des contreforts, qui partent des montagnes, enserrent des baies plus ou moins profondes. De nombreux cours d'eau, presque à sec dans la belle saison, torrents destructeurs pendant les pluies, sillonnent les vallées qui y aboutissent. La verdure luxuriante de ces vallées forme un contraste frappant avec l'aridité du reste de la côte.

Situées au milieu des vents alizés, les Mar-

1. Chaque île a plus d'une fois changé de nom, car chaque explorateur survenant lui en donnait un nouveau. La France a pris le parti le plus sage, elle a gardé les noms indigènes.

quises ont un climat chaud et humide, beaucoup plus chaud que celui des îles de la Société. Le thermomètre ne paraît pas descendre au-dessous de 23°, et marque souvent 29°, 30° et quelquefois 33° à l'ombre, dans la baie de Taïo-haë. Le baromètre se tient en général à 0m,765. Ce climat semble convenir aussi bien aux Européens qu'aux indigènes. Le soleil est inoffensif, et les cas d'insolation sont aussi rares qu'en Europe. Les affections les plus graves chez les indigènes sont la phthisie, l'asthme, des plaies aux jambes, les rhumatismes et le *potu,* sorte de ténia.

La flore de l'archipel n'est pas aussi riche que celle des autres contrées situées par les mêmes latitudes ; on y trouve cependant quelques plantes et arbres utiles : l'arbre à pain (*meï* des indigènes, *maïoré* des Tahitiens), le cocotier, base de la nourriture, le *hau* (*purau* de Tahiti), le *mio* (bois de rose), le *temanu*, bois de charpente ou d'ébénisterie ; l'*ama* (bancoul). Le sandal disparaît : on en a exporté en trop grande quantité. Les orangers, les citronniers ont été importés de Tahiti ; ils viennent bien, mais il y en a trop peu. Les autres plantes utiles sont le *meika* (banan), l'ananas, le *taro,* moins bon qu'à Tahiti ; le tabac, excellent, mais mal cultivé ; la canne à sucre ; un champignon, dit oreille de Judas, qui se vend 1 fr. 25 le kilogr. et est expédié à San-Francisco, d'où il part pour la Chine : les Chinois en font une grande consommation, et l'achètent, dit-on, tout préparé, 5 fr. le kilogr.

Ajoutons des bambous, des joncs, les lichens, mousses et varechs, etc.

Comme à Tahiti, le goyavier envahit toutes les îles.

N'oublions pas enfin l'*eka*, cette plante qui sert aux indigènes pour s'oindre le corps et exhale une odeur si désagréable pour les Européens, et l'*ava*, avec lequel ils s'enivraient.

Parmi les plantes importées, le cotonnier est celle dont l'exploitation rapporte les plus gros bénéfices : aussi en voit-on tous les jours des champs nouveaux, surtout à Nuka-hiva.

La faune des Marquises, comme celle des Tuamotus, est d'une extrême pauvreté : presque tous les animaux ont été importés à une époque relativement récente. Un porc sauvage, espèce de petit sanglier qui attaquait l'homme, paraît être le seul quadrupède qui ait existé avant la découverte du pays ; on a eu le tort de laisser croiser cette race avec les cochons importés. Après le porc, l'animal le plus répandu est le bœuf. Le mouton a également très bien réussi. Les chèvres, par milliers, dévastent les coteaux. On trouve quelques chevaux, mulets et ânes à Nuka-hiva et à Ua-pu; ce sont des animaux de luxe. Les chiens, les chats, les rats et les souris complètent la liste des quadrupèdes.

L'archipel a quelques oiseaux: leur chant est une fête pour les voyageurs qui arrivent de Tahiti, habitués au morne silence des îles de la Société. D'après M. Jouan, les naturels comptaient 36 espèces d'oiseaux, y compris les oiseaux de mer; mais M. Cuzent assure que les bocages des Marquises se dépeuplent rapidement: les rats, qui pullulent dans les montagnes grâce au goyavier, mangent les œufs et les couveuses. Les poules, canards de Barbarie, oies, dindons, pigeons, s'acclimatent bien.

Les poissons sont très nombreux et très variés : Il y a beaucoup de langoustes, d'huîtres et de poulpes.

Les indigènes. — Tout le monde sait que les Marquisiens sont les plus beaux hommes de l'Océanie : leurs formes sveltes, élégantes et pures rappellent les types harmonieux de la statuaire grecque. On connaît les ravissantes sirènes des Marquises, qui ont charmé toutes les générations de navigateurs et de marins : le visage est plutôt joli que beau ; les attaches, les mains, les ongles sont d'une extrême finesse ; les dents sont admirables ; tous les voyageurs ont signalé ces deux petites raies bleues, ce tatouage particulier qu'elles se font à la lèvre supérieure et qui donne, paraît-il, à leur physionomie un air mutin des plus piquants[1]. « Peu de femmes au monde ont plus de grâce, dit M. Radiguet ; les Tahitiennes si vantées semblent de lourdes, épaisses et brunes campagnardes auprès des filles de Nuka-hiva, si légères. »

Les tribus des différentes îles se composent de quelques centaines d'hommes ; elles se comptent par vallées, gouvernées chacune par un chef, le plus souvent héréditaire. Indépendantes entre elles, ces tribus, jusqu'en ces dernières années, devenaient ennemies au moindre prétexte et quelquefois sans prétexte ; quand on était las de se battre, on faisait la paix sans avoir vidé la que-

1. On a souvent comparé le tatouage de leurs bras, de leurs mains et de leurs jambes à des mitaines de dentelles ou à des bas de soie à jours.

relle, sans avoir rien conclu, de sorte qu'une irritation permanente tenait en haleine ces petites peuplades, assez semblables aux familles corses du siècle dernier.

Le chiffre de la population a été d'abord fort exagéré; mais il est vrai qu'elle a diminué très rapidement : en 1863, elle était évaluée à 10,000 âmes ; le recensement de 1871 n'en indiquait que 4,300. Une épidémie de variole avait enlevé en 1863-64 plus d'un millier de personnes à Nukahiva et la moitié de la population d'Ua-pu. M. Eyriaud des Vergnes pense que la liqueur d'*ava*, qui jetait les buveurs dans l'hébétement, doit être comptée pour beaucoup dans la décadence de la race. M. Max Radiguet a observé que la population décroît surtout aux environs des baies, là où débarquent les étrangers ; il en conclut que ce phénomène est dû au contact des navigateurs avec les indigènes.

Toutefois, depuis quelques années, grâce aux soins pris par l'administration française, le mouvement décroissant paraît s'être arrêté, et le dénombrement de la population, fait très exactement en 1885, a donné le chiffre de 5,264 (dont 77 Européens).

II

Découverte. — Premiers voyages. — Occupation française (1595-1858).

Le groupe du sud-est fut découvert le 21 juillet 1595 par l'amiral espagnol Alvaro Mendaña de Neira, parti du Callao pour aller fonder une colonie aux îles Salomon, qu'il avait reconnues vingt-huit ans auparavant. Après avoir tué plusieurs indigènes pour quelques vols insignifiants, il prit possession de ces nouvelles terres au nom de S. M. Catholique, et les nomma îles Marquises en l'honneur de la belle marquise de Mendoça, épouse du vice-roi du Pérou, protecteur de l'expédition.

179 ans s'écoulèrent avant qu'un autre marin y parût : Cook y arriva le 6 avril 1772.

En 1791, le capitaine Ingraham, de Boston, et le capitaine Étienne Marchand, de Marseille, découvrirent, à un mois d'intervalle, les îles du groupe nord-ouest, qui furent tour à tour appelées îles Washington, de la Révolution, d'Hergest, etc. Ces diverses dénominations ne sont plus employées, et celle d'îles Marquises s'applique maintenant à tout l'archipel.

C'est le 12 juin 1791 que le pavillon français flotta pour la première fois en vue de notre future possession. Nos hommes, au lieu de verser le sang, comme les Espagnols et les Anglais, se contentèrent de tirer à poudre pour réprimer les nombreux larcins commis par les indigènes.

L'année suivante, l'Anglais Hergest et l'Américain Roberts relâchèrent aussi dans l'archipel; celui-ci y resta quatre mois. Enfin les deux navires anglais *Prince-William-Henry* et *Butterworth* furent les derniers qui le visitèrent avant l'apparition des missionnaires anglais en Océanie.

Le *Duff* arriva aux Marquises le 5 juin 1797, et y laissa un missionnaire, nommé Crook; celui-ci, contrecarré par un déserteur italien qui semait la discorde dans l'archipel, ne réussit pas à faire une seule conversion, et repartit au bout de deux ans pour Tahiti.

En mai 1804, Krusenstern relâcha aux Marquises. En 1813, le capitaine américain Porter fonda un établissement temporaire dans la baie de Taïo-haë, guerroya quelque temps, prit possession de l'île Nuka-hiva au nom des États-Unis

(19 octobre)[1], et y laissa un poste de vingt hommes, avec quinze prisonniers anglais. Ceux-ci se révoltèrent : les Américains furent obligés de fuir, et capturés près des Sandwich par une corvette anglaise.

A partir de 1818, le commerce du bois de sandal et la pêche du cachalot attirèrent des navires de commerce et des baleiniers américains et européens, qui se succédèrent chaque année dans l'archipel ; de nombreux déserteurs s'y répandirent et vécurent comme les habitants. Les indigènes n'acceptaient alors, en échange du bois précieux, que de la poudre et des fusils, dont ils avaient si cruellement éprouvé la puissance et dont ils devaient faire un si déplorable usage.

En 1825, le missionnaire Crook revint une seconde fois, mais sans plus de succès que la première.

En 1829, ses collègues Pritchard et Simpson furent envoyés de Tahiti à Nuka-hiva ; mais l'aspect des lieux ne leur sourit guère, paraît-il, car ils revinrent en hâte à Papeete.

En 1835, Nuka-hiva fut visitée par un Français, le baron Thierry, qui se proclama roi de l'île.

---

1. Cet acte ne fut pas ratifié par le Cabinet de Washington.

En 1838, la frégate la *Vénus*, commandée par Dupetit-Thouars, et les corvettes l'*Astrolabe* et la *Zélée*, sous les ordres de d'Urville, firent une apparition presque simultanée dans les eaux de l'archipel. Les Français trouvèrent à Nuka-hiva un grand nombre d'Européens, la plupart anglais, déserteurs ou condamnés échappés des colonies pénales de l'Australie. La *Vénus* laissa à terre deux missionnaires français. Trois ans après, il n'y avait encore que trente-cinq baptêmes dans tout l'archipel.

Enfin, le 1er mai 1842, le contre-amiral Dupetit-Thouars, revenu à bord de la *Reine-Blanche*, prit possession, au nom de la France, du groupe sud-est, et arbora le pavillon tricolore à Tahuata, en présence du roi Yotété, du Supérieur de la mission catholique, François de Paule, des chefs indigènes et de la population. Cette cérémonie a été contée d'une manière vive et piquante par M. Max Radiguet, dans ses *Derniers Sauvages*[1].

L'amiral Dupetit-Thouars fit construire ensuite un baraquement pour la garnison, un four, un magasin à poudre, etc.

Le 5 mai, il prit possession de Hiva-Oa (Do-

---

1. P. 46 à 50.

minique), et, le 2 juin, de Nuka-hiva et du groupe nord-ouest, en présence du roi Te-Moana. Un établissement militaire et un fort (fort Collet), furent construits à Nuka-hiva.

Dès lors, la France avait, en plein Pacifique, un excellent point de relâche et de ravitaillement pour ses navires de guerre, de commerce, et pour ses baleiniers.

C'est dans cet esprit, dit M. Max Radiguet, que le gouvernement de Juillet songea à occuper les Marquises. Il ne s'abusait guère sur la valeur de l'archipel : ce qu'il voulait, c'était établir dans ces parages lointains une force militaire qui prévînt les catastrophes dont nos baleiniers ont parfois été victimes ; qui refrénât l'insubordination et la turbulence des équipages pêcheurs livrés à eux-mêmes pendant de longues campagnes ; qui contînt l'intolérance dont les missionnaires méthodistes ou épiscopaux avaient fait preuve envers les nôtres ; ce qu'il voulait surtout, c'était créer un centre aux missions françaises [1].

Tout alla bien d'abord ; mais, au mois de septembre de la même année, une querelle survenue entre quelques indigènes et les soldats d'infanterie de marine à Tahuata amena un combat, dans lequel les Français perdirent 26 hommes, dont

---

1. *Les Derniers Sauvages*, p. 11 et 12.

un capitaine de frégate et un lieutenant d'infanterie de marine. Les Canaques n'en furent pas moins vaincus, et le gouvernement y gagna la cession, en toute propriété, des baies de Vaïtahu, Hanamihaë et Hanapo. A Nuka-hiva, le roi fit don de la baie de Hakapehi, et vendit celle de Ikoëhi (aujourd'hui Vallée-Française) à l'amiral, représentant le gouvernement.

En 1844, l'amiral Bruat, commandant supérieur des établissements français, dut châtier les habitants de Haapa, district situé sur les hauteurs voisines de Taïo-haë. Le 29 juillet, les indigènes furent battus, sans perte sensible de leur part, et sans morts de notre côté.

En 1846, cinq artilleurs ayant été assassinés dans les vallées de Pakiu et Avao (Taïo-haë), le chef de ces baies, Pakoko, fut fusillé, et ses complices exilés à l'île Masse, d'où ils ne furent rappelés que quelques années plus tard. Les vallées de Pakiu et d'Avao furent confisquées par le gouverneur jusqu'à la place dite Koïka d'Avao, ce qui, joint aux possessions antérieures, rendit l'État propriétaire de la plus belle moitié de la baie.

De 1848 à 1852, on procéda à l'abandon complet de la baie de Vaïtahu pour concentrer tout le personnel à Nuka-hiva.

En 1851, un décret de l'Assemblée nationale désigna Nuka-hiva comme point de déportation pour les condamnés des insurrections de Lyon : trois seulement furent envoyés à Taïo-haë (Langomazino, Gent et Aude) ; en 1854, ils furent graciés et quittèrent la colonie. Dès lors, on commença l'évacuation du personnel, qui diminua tous les jours jusqu'en 1859, époque à laquelle la garde du pavillon fut confiée aux missionnaires.

Un des derniers commandants du poste de Nuka-hiva, M. Jouan, lieutenant de vaisseau, publia en 1857-1858, dans la *Revue coloniale,* des notes qui montraient combien peu d'action civilisatrice avait exercé, même sur les habitants de Taïo-haë, la présence des missionnaires et d'une garnison française depuis plus de douze ans. D'après cet officier, les défauts et les vices des indigènes s'étaient accrus sans compensation notable : on leur avait créé des besoins sans leur donner les moyens de les satisfaire ; ils entendaient mieux le trafic de leurs femmes, voilà tout. Les Marquisiens, jadis si élégants dans leur nudité, étaient maintenant couverts de haillons ; les femmes avaient substitué au manteau de *tapa,* si pittoresque, et si souvent renouvelé, des peignoirs d'indienne et de mousseline, qui, bientôt imprégnés d'huile, souillés de terre, déchirés par les broussailles, les faisaient ressembler aux mendiantes les plus sordides, les plus déguenillées. Les couronnes de fleurs, et même les éventails, étaient remplacés par le hideux parapluie de coton, comme à Tahiti.

L'agriculture n'avait pas fait le moindre progrès. L'industrie se bornait toujours à la construction des pirogues, à la fabrication des étoffes de *tapa,* des nattes, des cordes en bourre de coco, des filets, des engins de pêche, des armes, des ornements de fête.

Tels étaient les résultats les plus clairs de la colonisation française aux Marquises en 1858.

III

Les Marquises de 1859 à 1880.

A partir de 1859, l'archipel fut comme abandonné. Des missionnaires Sandwichiens s'établirent dans plusieurs des baies de la Dominique et se mirent à cultiver le coton; on put voir bientôt qu'ils n'étaient en réalité que les pionniers des Yankees : en effet, les Américains commencèrent à faire de fréquentes visites à Nuka-hiva et à Hiva-hoa, débarquant en contrebande des boissons alcooliques et des munitions de guerre, et s'informant avec un soin particulier de nos desseins.

Si la France retirait son drapeau, disait M. de La Roncière en 1865, ils saisiraient l'occasion pour s'établir sérieusement dans le pays, et ne tarderaient pas à le mettre en état de recevoir les baleiniers et les navires allant de Chine à San-Francisco.

Et il ajoutait dans le même rapport :

J'ai trouvé Nuka-hiva à peu près dans la même situation où je l'avais laissée il y a un an : les 1,000 ou 1,100 habitants qui ont échappé à la petite vérole se sont encore souvent battus et quelquefois mangés.

Notre influence diminuait chaque jour. Les bâtiments construits au commencement de l'occupation tombaient en ruines. Le résident (c'est le titre qu'on donna au commandant des Marquises à partir de 1860), n'avait, comme celui des Tuamotus, aucun navire à sa disposition pour se transporter dans les autres îles ; son autorité était limitée à Nuka-hiva, ou pour mieux dire, à la seule baie de Taïo-haë ; encore n'avait-il aucun moyen d'en faire la police, car les navires pouvaient y venir mouiller et appareiller sans son autorisation : notre pavillon aurait pu être insulté sous ses yeux, même par un bâtiment de commerce, sans qu'il fût en mesure d'obtenir réparation.

Quant au groupe sud-est, c'était bien pis encore : l'île de la Dominique, la plus peuplée de l'archipel, la plus propre à la colonisation avec celle de Nuka-hiva, était déchirée par les luttes intestines et souillée par des scènes continuelles de sauvagerie et de cannibalisme. Les missionnaires catholiques, impuissants, réussissaient tout au plus à vivre. Un officier de vaisseau écrivait en 1865 :

Ils ne font aucun néophyte parmi cette population absolument sauvage, toujours en guerre, et qui mange les vaincus. Si quelques enfants viennent aux écoles, c'est irrégulièrement. Si l'on assiste une fois à la messe, c'est comme à un spectacle. Chaque jour, la vie des missionnaires est en danger. On convoite leurs misérables vêtements. Ce qui m'a causé une profonde et douloureuse pitié, c'est l'état de misère crasse dans lequel ils vivent. On cherche en vain des bas dans leurs souliers et une chemise sous la sale soutane qui les couvre. Leur maison est un taudis. Une toile sur quatre piquets, sans draps, constitue leur lit. Comme nourriture, ils n'ont que quelques sacs de farine. Un pauvre diable partage cette misère ; il sert la messe, et remplit les fonctions de domestique.

Les rapports relatifs au groupe sud-est ne sont, de 1859 à 1880, qu'un long et monotone récit de guerres, d'assassinats, de scènes d'anthropophagie, d'horreurs sanguinaires, provoqués surtout par l'eau-de-vie de coco.

Tant que les indigènes se tuaient ou se mangeaient entre eux, ce n'était encore, au point de vue politique, que demi-mal ; mais qu'un Européen fût frappé, un embarras diplomatique pouvait surgir. En 1874, on pilla un établissement de la mission ; en 1876, on attaqua les missionnaires à coups de fusil ; mais quoi ! ces missionnaires n'étaient que des Français !

L'année suivante, un colon européen, M. Hart, tua un des chefs les plus redoutés de la Dominique, nommé Timaü : il fallut envoyer dans l'île une brigade de gendarmerie ; mais cette mesure ne mit pas fin aux troubles.

En 1879, l'hypothèse prévue depuis longtemps se réalisa : ce fut le tour d'un étranger. Le 24 juin, à la Dominique, un Suédois, le colon Christian, fut percé pendant son sommeil de cinq coups de couteau par un Canaque nommé Ovahi.

Le résident qui, par extraordinaire, venait justement visiter l'île sur l'aviso le *Lamothe-Piquet*, fit mander le chef de la baie ; celui-ci refusa de se présenter. On lui fit dire qu'on ne demandait que l'assassin, et qu'on ne lui ferait rien à lui personnellement ; il répliqua qu'il ne livrerait pas Ovahi, et qu'il était prêt, lui et ses gens, à nous faire la guerre.

Le résident requit alors le commandant du *Lamothe-Piquet* d'employer la force pour infliger une leçon aux gens de la vallée. Le commandant fit débarquer sa compagnie, composée d'une trentaine d'hommes, avec une pièce de 4 de montagne, et se porta sur un morne, près de la mer, d'où il pouvait canonner les camps des indigènes. Mais à peine était-il établi sur le plateau, et avant qu'un seul coup de feu eût été échangé, il se vit attaqué soudain de deux côtés à la fois, avec une grande vigueur, par les Canaques : notre petite troupe reçut vaillamment le choc, et, appuyée par le canon du bâtiment, repoussa les Indiens, qui se retirèrent en désordre ; deux matelots furent blessés. Après être restés une heure sur cette position, nos hommes rentrèrent à bord, et le bâtiment quitta la baie sans autre résultat. Il en fut de cette démonstration comme de toutes les autres ; elle ne pouvait être d'aucune utilité dans un pays accidenté où il est impossible de poursuivre les fuyards. Ce qu'il fallait, c'était un établissement définitif, permanent. Depuis l'établissement de la République, tous les commissaires, tous les amiraux, tous les résidents, réclamaient inutilement cette solution.

Ainsi, il y avait trente-sept ans que nous occupions les Marquises, et la question de la Dominique était toujours pendante ; on n'avait jamais voulu la résoudre, elle pouvait finir par amener un embarras autrement grave que celui qui devait résulter des dépenses d'occupation. Le consul allemand s'était trouvé mêlé à l'affaire du meurtre de Timaü : s'il avait été tué par vengeance, quelles réclamations n'eussions-nous pas eu à essuyer de la part de l'Allemagne ! Qu'un bâtiment de guerre étranger fût venu relâcher dans une des baies de la Dominique pour y faire de l'eau ; que des gens de l'équipage eussent été attaqués, tués, mangés peut-être, quelles complications pour le gouvernement français ! Ces perspectives étaient particulièrement inquiétantes depuis l'apparition des Allemands dans ces parages, depuis leurs tentatives de protectorat et de traités de commerce aux îles sous le Vent.

Enfin, outre cette responsabilité internationale, politique, n'avions-nous pas aussi une responsabilité morale ?

Il est pénible, disait le commandant Planche, de voir notre pavillon couvrir journellement des actes de la plus honteuse barbarie. Il n'est pas de courrier par lequel je ne reçoive la nouvelle de meurtres et de scènes atroces commis à la Dominique et à la Madeleine, à la suite d'orgies d'eau-de-vie de coco. Dernièrement, à Puamau, c'est un frère qui s'enivre avec sa sœur, se couche avec elle et la tue en lui déchiquetant le ventre à coups de couteau : c'est là l'effet presque infaillible de cette ivresse, qui produit la folie furieuse.

M. Planche en était arrivé à poser ce dilemme : ou évacuer l'archipel, ou l'occuper et l'organiser. Il se prononçait pour la seconde alternative : car il estimait avec raison qu'au moment où le percement de l'isthme de Panama entrait dans la période d'exécution, nous n'aurions pu, sans de graves inconvénients, abandonner un point situé sur le passage du nouveau mouvement commercial; il ne doutait point que ces îles, dont nous n'avions su tirer jusqu'alors aucun profit, ne fussent devenues bientôt la proie d'une nation européenne : la plantation Hart, à Tahuku, n'était-elle pas déjà aux mains de la Société commerciale allemande ?

Les prévisions du commandant Planche n'étaient que trop fondées : l'année suivante, les colons de la Dominique signalaient l'hostilité croissante des indigènes ; les Européens n'osaient plus s'aventurer dans l'intérieur de l'île ; la garnison française elle-même était obligée à la plus extrême réserve. La population s'exaltait dans ce qu'elle appelait ses succès contre nous. L'eau-de-vie de coco, peut-être aussi des incitations étrangères, l'absence de tout représentant de l'autorité française, les poussaient à la rébellion.

Le commandant Chessé profita de son arrivée à Tahiti pour envoyer à la Dominique son officier d'ordonnance, sous prétexte de notifier aux habitants sa prise de possession du gouvernement des établissements français. Il remit à cet officier une sorte de proclamation, qui fut publiée dans l'île : M. Chessé leur faisait entendre que, s'ils croyaient avoir à se plaindre d'un déni de justice, ils n'auraient qu'à le dire, et que justice serait faite. Quand leur réponse : « Nous sommes préparés à la guerre », arriva à Tahiti, nous aussi nous étions prêts : la division navale venait d'arriver en rade de Papeete. L'amiral Dupetit-Thouars se rendit à la Dominique, et, par une expédition brillamment conduite, amena la complète soumission des insulaires. Cet événement, trop longtemps différé, vint compléter l'action de la France en Océanie.

La pacification du groupe sud-est des Marquises suivait de près l'établissement du protectorat français à Raïatea et l'annexion de Tahiti. Tout le monde voyait maintenant une politique nette et pouvait reprendre confiance (juillet 1880).

Il restait, après avoir affermi l'autorité de la France par la diplomatie et par les armes, à recueillir les fruits de la victoire et à faire sentir aux Marquisiens les bienfaits de notre civilisation.

IV

Colonisation. — Commerce. — Récents progrès et situation actuelle des Marquises.

On conçoit qu'avec la politique incertaine, vacillante, qui avait été suivie jusqu'en 1880, les progrès de la colonisation n'aient pas été fort rapides. Pendant de longues années, les colons furent presque tous des déserteurs de baleiniers, des gens sans aveu, venus là pour faire oublier leurs antécédents : quand M. Eyriaud des Vergnes arriva en 1868, il ne trouva que des Américains, des Anglais, des Espagnols du Pérou et du Chili, ivrognes, débauchés, vivant d'une façon très précaire, ayant pris aux Canaques tous leurs vices et leur inculquant tous les nôtres.

A partir de 1870, des négociants anglais et américains louèrent aux Canaques de grandes étendues de terre ; pour les faire produire, ils étaient obligés de s'adresser à quelques Chinois, assez rares d'ailleurs, et qui ne les contentaient pas toujours. Ils avaient leurs magasins à Taïo-haë et faisaient le service du cabotage dans l'archipel ; ils allaient quelquefois à Tahiti ou même à San-Francisco ; pendant leur absence, leurs plantations, livrées aux Chinois, étaient trop souvent négligées.

Nous en connaissons, disait M. Eyriaud des Vergnes, qui, possédant une étendue considérable de terres, sont obligés de les laisser en friche, faute de bras pour les cultiver et faire les récoltes. Si des familles françaises venaient apporter le secours de leurs bras, tout irait mieux ; les salaires sont suffisamment élevés, et il y a du travail pour tous les membres d'une famille. Certains propriétaires de terrains donneraient à chaque émigrant une portion de terre suffisante pour y établir son jardin, sa maison et les dépendances. Lorsque, au bout d'un certain temps, ces colons auraient amassé une somme suffisante, ils pourraient, à leur tour, louer ou acheter aux Canaques un certain nombre d'hectares et devenir propriétaires eux-mêmes.

Aujourd'hui, toutes les baies de Nuka-hiva sont occupées par des cotonniers. Les plantations de la mission s'étendent partout à Nuka-hiva, et surtout à la Dominique, où les baies de Puamau, Anahi, Atuona, Taoa, Anahupe, Vaitahu, etc., donnent des produits en grande quantité.

Depuis quelques années l'archipel des Marquises a fait des progrès inespérés. Les indigènes eux-mêmes paraissent être sortis de leur torpeur; ils se sont mis à cultiver leurs terres et à construire des routes.

Ce ne sont partout que maisons neuves, bien tenues. Tous les indigènes portent décemment le costume tahitien. Ils sont devenus plus communicatifs, plus confiants: les officiers français qui vont les voir sont très frappés de leur gaîté et de leur empressement sympathique.

Les cultures de coton, de coprah et de fungus se multiplient; on a fait des essais de café et de tabac qui ont parfaitement réussi. Il ne semble pas qu'il y ait lieu de développer, quant à présent, l'élevage du gros bétail ; mais celui du mouton et du porc, déjà très productif, peut encore s'accroître.

M. le gouverneur Des Essards a habilement profité du rachat, par les Nukahiviens de Tapivaï, au prix de 15,000 fr., d'une partie de leur vallée, concédée autrefois à M. Stewart, pour les amener à un partage, qui a été suivi d'un cadastre et de la délivrance de titres personnels enregistrés. C'est un premier pas dans une voie excellente.

Il a été procédé aussi au levé des propriétés de la colonie et de l'État.

En prescrivant la rectification de l'état civil, M. Des Essards a introduit l'emploi de la carte d'individualité, qui a donné de si bons résultats à Tahiti : exigée lors du paiement de l'impôt et dans toutes les occasions où les indigènes sont obligés de se présenter devant la justice ou toute autre administration, elle les habitue peu à peu au respect du nom de famille et à toutes les notions morales qui en découlent.

Les écoles ont fait des progrès sensibles. La dotation de l'instruction publique a été portée de 9,800 fr. à 15,825 fr. Le premier résultat de ces efforts a été de diminuer la mortalité de l'enfance.

Il faudrait exiger à présent qu'on enseignât le

français dans les écoles, car aucun indigène ne le parle.

Une école professionnelle à Taïo-haë a été prévue dans l'augmentation portée au budget. Le petit nombre d'ouvriers européens et les aptitudes particulières des indigènes rendaient cette création particulièrement désirable.

La construction des embarcations est très productive. Les prix inférieurs auxquels on peut livrer les bâtiments de ce genre, à cause du voisinage du bois de construction que les forêts fournissent en abondance, promettent à cette industrie un brillant avenir.

Tous les points importants sont reliés par des routes ; des mesures ont été prises pour assurer l'entretien de la voirie. A la Dominique, notamment, une route stratégique directe par les crêtes relie Puamau à Tahuku, et la route de ceinture est achevée. Toute tentative de rébellion serait maintenant très difficile. Cette question des chemins est devenue une affaire d'entraînement, de rivalité et d'amour-propre chez les indigènes.

Les lois françaises ont été promulguées avec certaines modifications, en ce qui regarde, par exemple, les droits de succession, d'adoption, de partage des terres, etc.

On a pris aussi des mesures pour que les habitants puissent se mettre en relations commerciales avec Papeete sans être obligés de subir l'intermédiaire des étrangers, qui avaient accaparé à leur profit une grande partie de cette navigation.

L'interdiction de la vente de l'opium a produit à Nuka-hiva un soulagement général : ceux qui se livraient à cette funeste habitude reconnaissent eux-mêmes qu'on a eu raison de la défendre.

M. Des Essards, après avoir visité en avril 1883 toutes les îles des deux groupes, écrivait au ministre :

> Le développement du travail indigène et le progrès général ont dépassé tout ce que j'attendais au point de vue matériel. Les Marquisiens ne le cèdent en rien aujourd'hui aux Tahitiens. Ils ont sur eux l'avantage d'une énergie au travail qu'il est difficile de réveiller aux îles de la Société. L'impôt, perçu, pour la première fois cette année, sur le pied des autres établissements, est rentré tout entier : aucune réclamation, aucune demande de dégrèvement ne m'ont été adressées nulle part.

V

Gouvernement et administration.

Comme on a pu s'en rendre compte, le gouvernement et l'administration des Marquises ont beaucoup varié depuis 1842. C'est en 1863 que l'établissement français de Nuka-hiva a été organisé d'une façon définitive. Le résident administre, sous la haute direction du gouverneur. Il habite la baie de Taïo-haë. Depuis 1872, il est assisté d'un agent spécial, officier ou employé du commissariat de la marine.

Les diverses fonctions qui lui incombent sont celles d'ordonnateur, de directeur de l'intérieur, de consul de toutes les nations, d'officier d'état civil, de juge de paix, et accidentellement d'ingénieur et de médecin [1].

L'agent spécial est en même temps trésorier-payeur, receveur des contributions, greffier de la justice de paix, receveur de la poste, notaire, re-

---

1. Pour les détails, voy. l'*Archipel des Marquises*, par Eyriaud des Vergnes, Berger-Levrault et Cie, 1877. P. 8-11.

ceveur de l'enregistrement et des domaines, curateur aux successions vacantes.

Les autres agents du gouvernement sont : un maître de port, un brigadier et trois gendarmes, quatre *mutoï*.

Le seul impôt qui pèse sur la population indigène est l'impôt de prestation des routes, payé soit en nature par 10 journées de travail, soit en argent à raison de 2 fr. par jour ou 20 fr.

Les Marquises n'ont de communications extérieures qu'avec San-Francisco, d'où leur viennent presque toutes les marchandises d'importation, et avec Tahiti, où sont expédiés tous leurs produits. De là, ils vont le plus souvent en Amérique ou en France. Par San-Francisco, le fungus est envoyé en Chine; le coton et le coprah sont destinés, partie à la France par Bordeaux, partie à San-Francisco. Nous ne citerons que pour mémoire les quelques navires de guerre américains, anglais ou russes qui font escale à Nuka-hiva en se rendant à Tahiti, après avoir quitté la côte américaine au Callao, à Panama, ou à San-Francisco.

Jusqu'en 1868, il n'y avait aucune correspondance régulière entre Tahiti et les Marquises : un ou deux caboteurs par an et autant de bâtiments appartenant à la mission catholique représentaient presque tout le mouvement maritime ; un aviso de la station locale faisait de rares apparitions à Taïo-haë. En 1868, comme il était arrivé plusieurs fois que l'on avait manqué de vivres, le commandant donna l'ordre aux trois transports *Dorade, Chevert, Euryale,* qui faisaient le courrier d'Amérique, de relâcher au retour à Taïo-haë pour y prendre le courrier, et y laisser des vivres si besoin était ; malheureusement la *Dorade* partit pour la Cochinchine, l'*Euryale* se perdit, le *Chevert* fut condamné.

En 1870, le gouverneur, ne voyant plus ses relations assurées avec la métropole faute de bâtiments de guerre, se décida à recourir au commerce : il passa un contrat avec la maison Crawford, de San-Francisco, qui s'engagea, moyennant une redevance annuelle, à faire régulièrement un service mensuel de courriers entre San-Francisco et Tahiti avec escale à Taïo-haë ; la compagnie doit employer à ce service au moins trois goélettes ou bricks-goélettes de 80 à 100 tonneaux.

Ces goélettes mettent environ 17 jours de San-Francisco à Taïo-haë, et 4 ou 5 jours de ce dernier point à Papeete ; le retour s'accomplit directement de Tahiti à San-Francisco en 27 à 33 jours.

Enfin en 1882, un service régulier de correspondance a été établi entre Tahiti, les Marquises et les Tuamotus ; les départs de Papeete ont lieu toutes les six semaines. Si les courriers des Marquises prennent le développement qu'il y a lieu d'espérer, ce service pourra devenir mensuel.

CONCLUSIONS

M. Eyriaud des Vergnes disait, en envisageant l'éventualité du percement de l'isthme de Panama :

Nous pensons que cet événement est appelé à donner un développement sérieux aux îles Marquises : il suffit, en effet, de consulter les cartes pour voir que c'est le point central de la navigation à vapeur entre Panama et l'Australie. A égale distance de l'isthme et de la Nouvelle-Calédonie, Taïo-haë est sur la ligne la plus courte à parcourir. Son port offre toutes les garanties de sûreté désirables ; on y trouverait facilement des emplacements pour y établir les parcs et les ateliers nécessaires à toute station intermédiaire de paquebots. L'entrée de Papeete n'offre pas toutes les commodités que présente Taïo-haë, et, la nuit surtout, un grand navire n'évoluera pas avec la même assurance qu'à Nuka-hiva.

Lorsqu'il fut question, en 1867, de l'établissement d'une ligne française de paquebots entre Panama et l'Australie, on a été chercher dans le sud de Tahiti, à 200 lieues environ, une petite île, un rocher plutôt, appelé Rapa; ce point avait été jugé bon pour en faire une escale pour les transpacifiques.

Taïo-haë nous paraît être un point intermédiaire mieux situé et offrant les avantages les moins discutables à une Compagnie de vapeurs transpacifiques. Le jour où une décision conforme à nos désirs sera prise, il faudra être prêt ; alors il sera de toute nécessité que la colonie ait déjà acquis une importance suffisante pour justifier le choix que l'on en aura fait et pouvoir profiter des nouveaux moyens mis à sa disposition pour étendre ses importations et exportations. C'est pour cela qu'il faut coloniser dès aujourd'hui un pays qui ne demande qu'à récompenser les travailleurs par le développement rapide de ses productions et de son commerce.

Le résident des Marquises n'avait en vue que l'intérêt des îles placées sous ses ordres, et il faut l'en louer. Nous avons démontré pourquoi, dans notre pensée, la relâche obligée des navires devra être, non Nuka-hiva, mais Tahiti, où ils pourront trouver abondamment, avec les approvisionnements nécessaires, les moyens de réparations urgentes. Mais il est très vrai que pour forcer les steamers à passer par Tahiti, nous devons être maîtres de tous les ports voisins qui pourraient leur donner abri, et que Nuka-hiva, en d'autres mains, serait notre plus redoutable rivale. C'est là, à nos yeux, l'intérêt capital qui nous attache à cet archipel : intérêt tout politique. Nous y voyons un point d'influence dans l'Océanie, un lieu de relâche pour nos propres flottes ; nous voulons le garder pour que d'autres ne s'y puissent établir. En un mot, Nuka-hiva est la sentinelle de Tahiti à l'est, comme Raïatea doit être la sentinelle de Tahiti à l'ouest.

L'ARCHIPEL TUBUAÏ

L'ARCHIPEL TUBUAÏ

L'archipel Tubuaï, situé à 300 milles environ au sud de Tahiti, se compose de quatre îles : — Tubuaï et Raevavaë (ou Vavitu), les deux plus importantes et les plus rapprochées de Tahiti, *soumises à notre protectorat le 9 septembre 1842, et annexées le 30 décembre 1880* ; — Rimatara et Rorutu, *indépendantes* ; — et des petits îlots Maria.

Ces îles sont échelonnées sur une ligne qui court de l'E.-S.-E. à l'O.-N.-O. Les deux extrêmes, Raevavaë et Maria, sont distantes de 400 milles.

Elles sont hautes, d'origine volcanique, et, par leur aspect, elles ont une ressemblance générale avec Tahiti et Moorea. Leur position sur la route des Gambier les met assez souvent en relations avec les caboteurs du pays et les navires de la station locale.

I

ILES FRANÇAISES : TUBUAÏ ET RAEVAVAË

Tubuaï [1], la plus considérable, qui a donné son nom à l'archipel, est placée entre Rorutu et Raevavaë, à environ 180 kilomètres de chacune d'elles. Elle est entourée d'une ceinture de récifs en partie submergée. Elle a une étendue de 6 milles de l'est à l'ouest, et de 3 milles du nord au sud. Son port, qui peut offrir un bon mouillage aux plus grands bâtiments, a été ouvert au commerce extérieur par un arrêté du 16 août 1878 ; tous les droits perçus à Tahiti y sont applicables.

Raevavaë [2], la plus Est des îles Tubuaï, est la plus élevée du groupe ; les Anglais l'appelaient jadis High-Island. Elle a 12 milles de longueur dans sa plus grande étendue, de l'E.-N.-E. à l'O.-S.-O. Le meilleur mouillage est situé à l'extrémité ouest, dans la baie profonde de Raïurua [3].

1. Position : 25°18′ et 25°25′ lat. sud ; 151°48′ et 152°02′ long. ouest.

2. Position : 23°49′ et 23°57′ lat. sud, 150° et 150°15′ long. ouest.

3. Pour la navigation dans l'archipel Tubuaï, V. Dépôt des

Population. — Les habitants de ces îles appartiennent à la race Maorie et parlent à peu de chose près la langue de Tahiti. Ils sont en général grands, bien conformés, vigoureux, d'un caractère doux et affable.

Les habitants de Tubuaï, depuis la défense qu'on leur a faite de fabriquer du vin d'orange, travaillent assez régulièrement, et l'état du pays tend à s'améliorer de jour en jour. Plus souvent visités, ils sont moins sauvages que ceux de Raevavaë ; ils sont plus riches, et se tiennent mieux. Ils ont une goélette pour commercer avec Tahiti. Leurs cultures sont soignées et leur trois écoles bien tenues[1].

Une route suffisante relie les trois villages : on peut traverser l'île et en faire le tour à cheval.

La famille paraît constituée sur des bases plus sérieuses qu'à Tahiti.

La population est de 400 habitants ; elle augmente un peu depuis quelques années. Elle se partage en protestants et en baptistes, plus con-

---

cartes et plans de la marine, n° 602k, *Océan Pacifique Sud*, Notice 11, p. 134 à 141.

1. Les instituteurs enseignent avec succès la lecture, l'écriture, le calcul et la géographie ; mais ce sont des Canaques qui ne savent pas le français.

nus là-bas sous le nom de Mormons ; les deux cultes vivent en parfaite intelligence ; il n'y a point de missionnaires européens.

Raevavaë compte environ 300 habitants, protestants; ce sont presque tous des vieillards : les jeunes gens vont à Tahiti ; on ne pourrait guère trouver plus de 40 hommes aptes aux travaux de force. Raevavaë est donc sensiblement inférieure à sa voisine. Les habitants y sont misérables ; ils cultivent cependant le coton avec un certain succès ; ils ont pu acheter en 1877 une goélette de 30 tonneaux construite à Rimatara, et qui fait un voyage par an à Tahiti. Mais ils ont continué aussi à fabriquer du vin d'orange et à s'enivrer. Les chemins sont mal entretenus, l'autorité des *mutoï* est nulle ; les deux écoles laissent beaucoup à désirer ; il n'y a point de registres de l'état-civil, ni de rôles de recensement et de contributions.

Bref, depuis l'établissement du protectorat, cette île est restée abandonnée à elle-même, sans surveillance, et le bien-être matériel et moral des habitants n'a reçu aucune amélioration. On a nommé un soi-disant résident, qui, en un an, a paru une fois pendant 8 jours et une autre fois pendant 4 : ses recommandations sont naturellement restées lettre morte. A l'école, les enfants apprennent à lire, écrire et calculer ; mais ils ne savent pas un mot de géographie : il n'y a point de cartes. Il serait indispensable de nommer un agent à poste fixe à Raevavaë, comme à Tubuaï.

On a commencé à étudier un service régulier de correspondance par bateau à voiles entre Tahiti, Tubuaï, Rapa et les Gambier; ce serait une mesure excellente.

Administration. — Tout l'archipel reconnaît la suzeraineté des Pomaré. Tubuaï et Raevavaë ont des chefs indigènes nommés par le roi et le gouverneur des îles de la Société. Leur organisation est semblable à celle des districts de Tahiti. Il y a un district à Tubuaï, deux à Raevavaë.

Productions. — La principale production de ces îles est le taro, dont les Canaques se nourrissent et qui remplace pour eux le pain. Ils l'exportent, pétri et légèrement fermenté, sous le nom de *tivo*. Le *tivo* est expédié aux Tuamotus ; il se vendait récemment 3 piastres le baril, et les commerçants du pays espéraient le voir atteindre le prix de 4 piastres. Le manioc et le pia sont cultivés en assez grande quantité ; ils servent à faire de la farine qui vaut de 20 à 25 centimes la livre. Les cocotiers sont assez nombreux à Tubuaï ; il y en a moins à Raevavaë. On trouve beaucoup de papayers, d'excellentes oranges et des citrons. Les bananes sont très bonnes, et de plusieurs espèces. Le coton et le tabac sont de belle qualité, mais négligés. On élève des poules et des porcs.

II

ILES INDÉPENDANTES : RIMATARA ET RORUTU

L'île Rimatara[1], entourée de récifs, ne renferme aucun mouillage.

Les habitants, au nombre de 350 environ, font un peu de culture et s'adonnent à la pêche.

Il y a dans l'île deux Européens, un Français et un Portugais, qui cultivent le coton. On estime à 70 tonneaux le coton exporté chaque année à

1. Position : lat. 22°46′ sud ; long. 155°12′ ouest.

Tahiti, avec 25 tonneaux d'arrowroot et 20 tonneaux de coprah.

L'île Rorutu[1], entourée, elle aussi, de récifs, n'a qu'une petite passe pour embarcations.

La population est de 360 habitants. Ils produisent 80 tonneaux de coton, 20 tonneaux de coprah, 7 ou 8 d'arowroot. Ils font le commerce des porcs et du poisson.

Cinq Européens habitent Rorutu : un Américain, un Anglais, qui tiennent des magasins et échangent les produits de la terre contre des marchandises ; deux Portugais et un Norwégien, qui font de la culture.

La corvette allemande *Carola* a passé à Rorutu en 1882.

Il est à souhaiter que nos bâtiments visitent fréquemment l'archipel Tubuaï. Tout le groupe est appelé à passer tôt ou tard sous notre protectorat. Quand nous aurons tranché la question des îles sous le Vent, nous pourrons résoudre celle-ci dans le même sens.

---

1. 22°25' et 22°32' lat. sud ; 153°40' et 153°45' long. ouest.

L'ARCHIPEL DE COOK

L'ARCHIPEL DE COOK

Cet archipel est formé de neuf ou dix îles : *Mangia* (ou *Mangaïa*), 2,500 habitants[1] ; *Rorotonga*, 2,500 habitants, bon port ; *Ruruti* (?), mentionnée sur les cartes françaises, mais non sur les cartes anglaises ; *Watiu* (ou *Atiu*), 1,400 habitants ; *Fenua iti* (ou *Takutea*), inhabitée ; *Mitiero*, 100 habitants ; *Mauti* (ou *Parry*), 400 habitants ; *Mitaté* et *Manua* (*îles Hervey*), 12 habitants ; *Vaïtutaké* (ou *Aïtutaki*, ou *Ouaïtoutaté*), 2,000 habitants. Des missionnaires de la Société de Londres y sont établis. Il est indépendant.

La race et la langue sont les mêmes dans toutes les îles de Cook que dans les îles Tubuaï et de la Société. Il n'y existe pour ainsi dire pas de famille qui n'ait des parents dans les archipels voisins : aussi les relations sont-elles très fréquentes entre les insulaires de ces parages ; le

1. Ces chiffres datent de 1881.

port de Papeete est le centre de leur ravitaillement, de leur commerce, et presque tous construisent des goëlettes ou des côtres pour essayer de supprimer les intermédiaires ruineux qui les exploitent. L'établissement de notre protectorat sur l'archipel de Cook ne ferait donc que consacrer une situation qui existe déjà, en même temps qu'il assurerait aux indigènes, dans l'avenir, une prospérité inconnue.

Mais, là aussi, nous aurons à compter avec la rivalité des Anglais. L'administration néo-zélandaise, secondée par les missionnaires anglicans, fait tous ses efforts pour nous écarter et paralyser notre action. Depuis 1873, la Grande-Bretagne est représentée à Rorotonga par M. Goodman, qui y a rempli d'abord les fonctions de vice-consul ; depuis le 24 juin 1881, il est accrédité dans la même résidence en qualité de consul. D'ailleurs le gouvernement britannique, suivant un usage qu'il a adopté dans les contrées peu civilisées, n'a pas cru devoir demander pour cet agent, qui figure au *Foreing office list,* l'exéquatur des autorités indigènes.

La même année, une visite du croiseur français *le Hugon* à Rorotonga donna lieu à des échanges d'explications, à Sydney, entre M. Chessé, ancien commandant des établissements français, de passage dans cette ville, et lord Augustus Loftus, gouverneur de la Nouvelle-Galles du Sud, et à Paris, entre M. de Freycinet, ministre des affaires étrangères, et lord Lyons.

Le commandant du *Hugon*, qui avait été accueilli d'une façon très sympathique par les deux îles indépendantes de l'archipel Tubuaï, avait au contraire constaté aux îles de Cook les fâcheux résultats du passage récent de la corvette anglaise *la Turquoise*, et avait été amené à attribuer aux insinuations malveillantes du commandant de ce bâtiment la défiance excessive des indigènes à l'égard de la France.

Il n'y a, pour le moment, d'autre moyen de modifier cet état de choses que la création d'un mouvement actif de petit cabotage entre ces îles et notre colonie ; mais il est à craindre que, d'une part, l'indolence des Tahitiens, et, de l'autre, les rapports déjà établis avec la Nouvelle-Zélande, très bien approvisionnée d'objets d'échange, ne s'opposent à la réalisation de cette idée. En tous cas, il est indispensable de faire visiter le plus souvent possible l'archipel.

L'exemple que les Anglais nous ont donné en s'emparant des Fidji, plus récemment de Rotumah, île voisine de ce groupe[1], enfin des îles Kermadec, nous autorise à poursuivre autour de Tahiti et dans les îles de l'Océanie orientale une politique de protection qui s'appuie sur des mœurs, une origine, un langage communs.

---

1. La petite île de Rotumah (par 12° lat. sud et 77° long. ouest), à 660 lieues de Tahiti, bien que n'ayant que quatre ou cinq milles d'étendue, est très peuplée, et sa position avancée entre les Fidji et les Nouvelles-Hébrides, à l'entrée des archipels qui se relient aux Marshall et aux Gilbert, devait attirer l'attention du gouverneur des Fidji. Les difficultés qu'il a rencontrées s'expliquent par la présence à Rotumah de deux factions indigènes de race et de sentiments différents. Un journal anglais des Fidji s'est fait l'écho de ces difficultés : « A Rotumah, dit-il, la campagne pour le rappel de l'annexion est encore aussi active que jamais, et il n'y a pas de doute que le peuple prend l'affaire au sérieux ; on dit que ceux qui ont fait l'offre de cession à sir Arthur Gordon n'avaient pas une autorité suffisante et représentaient seulement une petite fraction du peuple. Une grande assemblée des indigènes de toutes les parties de l'île a eu lieu dernièrement à Motusa Lee Laibour ; tous les chefs y étaient présents, à l'exception du roi Maroffa. Le magistrat (anglais), M. Mitchell, y est venu également sur invitation et a écouté patiemment tout ce que les orateurs avaient à dire. En résumé, à tous ceux qui leur demandaient pourquoi ils avaient offert leur île à la Grande-Bretagne, ils ont répondu que ceux qui avaient fait cette offre n'en avaient pas le droit. » Ainsi les Anglais ne cessent de pratiquer le système des annexions occultes, et cependant ils se croient autorisés à nous faire des remontrances toutes les fois qu'ils nous soupçonnent d'intentions analogues. Que n'a pas dit la presse australienne sur les incidents de Raïatea !

En présence de pareils agissements et du peu de scrupules avec lequel les Anglais annexent par rayonnement les territoires qui leur conviennent, on est amené à se demander s'il faudra toujours s'arrêter aux fins de non-recevoir qu'ils nous opposent lorsque nous négocions avec eux pour l'annexion d'îles qui sont comprises dans nos centres d'action.

Si nous pouvons trouver naturelle la tendance du gouvernement des Fidji à s'étendre dans la Mélanésie, il semble que nous aurions le droit de marquer notre étonnement de ce que la Nouvelle-Zélande et l'Australie se plaignent si vivement du développement normal de notre influence dans les îles voisines de Tahiti. L'action exclusive que l'Angleterre prétend exercer sur ces dépendances naturelles de notre colonie est absolument inadmissible; la surveillance active exercée sur nos moindres mouvements par les journaux d'Auckland et de Sydney, le soin qu'ils prennent d'en exagérer l'importance, doivent redoubler notre vigilance. Mais nous ne devons rien brusquer: une action trop prompte, en passionnant davantage les esprits dans les colonies voisines, rendrait plus difficile le consentement de la métropole anglaise aux arrangements que nous cherchons.

C'est pourquoi les compétitions internationales avec lesquelles nous aurons à compter dans l'archipel de Cook sont, à nos yeux, un nouveau motif de presser le règlement de la question des îles sous le Vent. La clef de notre politique polynésienne est à Raïatea.

L'ILE RAPA

L'ILE RAPA

I

Le pays et les habitants.

L'île Rapa ou Oparo[1] appartient à la France. Elle est à 230 lieues au S.-S.-E. de Tahiti. Elle a environ 15 kilomètres sur 12 du nord au sud, 10 ou 12 de l'est à l'ouest, et 30 à 40 de tour.

Elle est formée par un vaste cirque de montagnes, ancien cratère, pareil à ceux de Tahiti, des îles sous le Vent et des Gambier[2]. La mer pénètre dans l'intérieur du cirque par une large coupée située à l'est, et forme dans le centre de l'île une baie longue de 1,800 à 2,000 mètres, nommée *port d'Ahurei*[3].

---

1. Position : 27°33' et 27°41' de latitude sud ; 146°34' et 146°42' de longitude ouest.

2. V. un intéressant aperçu sur la constitution géologique de Rapa, par M. Méry, dans le *Messager de Tahiti* du 14 septembre 1867.

3. Pour la navigation, etc., v. Dépôt des cartes et plans de la marine, n° 602k, *Océan Pacifique Sud*, Notice 11, p. 144 à 149.

Tous les sommets des montagnes et les cols principaux sont dominés par des forts composés de terrasses superposées et surmontés de tours. Ces constructions remontent à une grande antiquité. Les habitants disent que l'île contenait autrefois une population nombreuse, divisée en tribus toujours en guerre les unes contre les autres : ces forts étaient destinés à protéger chaque vallée contre les incursions des tribus voisines.

Les indigènes appartiennent à la race maorie et parlent la vieille langue maorie, presque semblable à celle des Gambier et des Marquises. Ils comprennent et parlent aussi la langue tahitienne. Ils sont doux, honnêtes, robustes et laborieux.

Ils prétendent que leurs ancêtres ont jadis peuplé l'île de Pâques, nommée Rapa-nui (grande Rapa), tandis que leur île se nomme Rapa-iti (petite Rapa). Certains vestiges de l'ancien temps tels que des *menhirs*, analogues aux grandes idoles de l'île de Pâques, donnent quelque vraisemblance à cette tradition.

Vancouver, qui découvrit Rapa le 22 décembre 1791, estima la population à 1,500 âmes. En 1863, ils n'étaient plus que 300 ; l'année suivante une épidémie de dyssenterie, apportée, dit-on, par un navire péruvien, en enleva les 2/3. Depuis lors, ils ont augmenté assez rapidement, et ils atteignent à peu près aujourd'hui le chiffre de 1863. Ils sont protestants. Ils savent tous lire, écrire et compter.

Le terrain en plaine ne dépasse pas 2,500 hectares, mais il est très fertile.

La culture principale est celle du taro, cultivé par les hommes, récolté et préparé par les femmes; ce sont aussi les femmes qui entretiennent les jardins. Les hommes vont à la pêche ; c'est leur plus sérieuse occupation : car le champ de taro, une fois préparé, ne demande pas grands soins d'entretien.

L'oranger et une espèce de bananier viennent bien. On a planté avec succès la pomme de terre, la vigne, l'orge et tous les légumes d'Europe. Le gingembre abonde et pourrait être l'objet d'une exportation productive. En revanche, le cocotier pousse difficilement et ne donne pas de fruits :

Rapa, dit M. Jules Garnier[1], est non seulement bien en dehors des tropiques, mais elle est une des plus méridionales de ces groupes d'îles volcaniques ou coralligènes qui constellent l'océan Pacifique et forment l'O-

1. *Océanie*, etc., p. 324.

céanie. Elle n'a donc pu recevoir sa flore que des îles plus chaudes du nord dont elle est contemporaine ; elle présente ainsi ce singulier phénomène d'une terre qui ne possède pas la flore qu'elle devrait avoir. Elle a des cocotiers dont les fruits ne mûrissent pas ; les bouraos, les bancouliers et autres végétaux qui, sous les tropiques, deviennent des arbres majestueux, sont ici des nains, et ne fournissent que des arbustes. Les indigènes mettent souvent plusieurs années à trouver le bois nécessaire à la construction d'une case. C'est encore avec plus de difficulté qu'ils se procurent des pièces de bois d'un diamètre assez grand pour leur permettre d'y creuser la vaisselle dont ils font usage.

On élève dans l'île des chèvres, des cochons et de la volaille. La mer est très poissonneuse ; on trouve toute sorte de poissons et des homards en grande quantité. Les requins fourmillent. On pêche aussi quelques coquillages comestibles et de très belles éponges.

Les quelques caboteurs qui viennent de Tahiti prennent à Rapa, en échange des fonds de magasin dont se compose leur pacotille, du taro conservé, qu'ils importent aux Tuamotus pour la nourriture des plongeurs de nacre, qui en sont très friands. Mais les communications entre Rapa et Tahiti sont beaucoup trop rares : les produits que pourrait donner l'île n'ont point de débouchés. La pomme de terre, qui y est excellente, se vendrait très bien à Tahiti. Nous devons faire en sorte d'améliorer cette situation. Il faudrait que les bâtiments de la station locale y vinssent plus souvent, afin de stimuler les indigènes. Nous pourrions aussi, par exemple, leur envoyer des graines de coton ; cette culture est celle qu'ils préfèrent. Si elle pouvait s'y développer, elle attirerait des navires en leur fournissant du fret de retour ; ce serait un bienfait pour cette population trop délaissée.

Il y a, à un demi-mille au nord de la baie, une mine de charbon que l'on commence à exploiter et qui donne comme rendement à peu près les 2/3 du bon charbon ordinaire.

L'industrie des gens de Rapa consiste à confectionner quelques nattes grossières, des lignes, des filets en burao, et une étoffe feutrée très solide qu'ils font avec l'écorce d'un arbuste nommé *auté*.

Leurs cases sont basses et mal construites ; elles n'ont qu'une ouverture : on y respire une atmosphère lourde et souvent infecte ; la chaleur y est insupportable. Ils disent qu'ils sont obligés de construire ainsi pour se protéger contre les vents. C'est à ces constructions vicieuses qu'il faut attribuer les rhumes et les maladies de poitrine qui les déciment, car le climat est salubre et vivifiant.

II

Administration. — Importance de l'île.

Rapa fut placée sous le protectorat français le 27 avril 1844.

Le 28 avril 1867, un acte particulier, dressé et signé par le roi Parima, les chefs, les hui-raatira et M. Méry, agissant au nom du commandant des établissements français, ratifia notre intervention dans les affaires du pays. Le 12 décembre de la même année, M. Caillet, lieutenant de vaisseau, y fut nommé résident : il remplit ses fonctions jusqu'au 20 avril 1869. Depuis cette époque jusqu'en 1882, l'île fut livrée à elle-même, malgré les demandes réitérées des habitants pour obtenir un nouveau résident. Enfin, le 23 février 1882, elle fut annexée à la France ; et, le 1er décembre suivant, un gendarme, très entendu aux choses de la culture, y fut envoyé comme chef de poste et accueilli avec empressement par la population.

L'importance du port de Rapa, qui fut choisi comme point d'escale par une compagnie anglaise[1] de préférence à l'île Pitcaïrn[2] et, du 15 octobre 1867 au 16 février 1869, fréquenté régulièrement par des paquebots jaugeant jusqu'à 1,800 tonnes, justifie la présence d'un agent

---

1. *Paquebots à vapeur de la compagnie P.-N.-Z. et A.-R.-M.* (*Panama-New-Zealand et Australian-Royal-Mail*).

Cette compagnie anglaise a eu le mérite d'avoir été la première à relier les deux nouveaux mondes par une ligne de bateaux à vapeur.

De Panama à Rapa, la moyenne des traversées faites par ces bâtiments était de 16 jours 1/2. — La plus longue a été de 19 jours 1/2. — La plus courte a été de 14 jours 1/2. — La malle arrivait de Southampton, — en 36 jours à Rapa, — en 49 jours à Wellington, — en 54 jours à Sydney.

La compagnie a transporté de Panama en Nouvelle-Zélande et en Australie environ six cents personnes.

Elle touchait une subvention annuelle de 2,750,000 francs : 1,500,000 francs de l'Australie, et 1,250,000 francs de la Nouvelle-Zélande.

2. Nous possédons fort peu de renseignements géographiques sur cette légendaire île de Pitcaïrn ; on nous assure qu'elle n'a point de port ; s'il en était autrement, il y aurait lieu d'aviser : car alors les Anglais, qui avaient choisi Rapa comme point d'escale avant le percement de l'isthme de Panama, pourraient bien choisir Pitcaïrn pour le même objet après l'ouverture du canal : il suffit d'un seul bon mouillage aux mains de nos rivaux dans la Poynésie orientale pour ruiner notre œuvre à Tahiti. *Le Tour du Monde* du 8 janvier 1887 annonçait que le gouvernement britannique se proposait d'y installer une colonie.

français, et explique le prix que nous attachons à la possession et à la surveillance de cette île.

Située au point d'intersection des grandes routes maritimes qui relient l'Amérique à l'Extrême-Orient, aux Indes, aux îles de la Sonde, à l'Australie, à la Nouvelle-Zélande, à Madagascar, elle est appelée à commander le nouveau courant commercial qui s'orientera de l'est à l'ouest à travers le Pacifique. Elle nous assure la prépondérance en Polynésie et complète le *système* des îles Marquises, Tuamotus, Gambier, Tubuaï, Cook, Tahiti et sous le Vent.

ILES WALLIS

ILES WALLIS

Dans notre livre sur *la Politique Française en Océanie*, nous avions réclamé la conclusion d'un traité qui nous assurât une suprématie incontestée et définitive sur l'archipel Wallis [1].

Notre souhait a été exaucé. Nous extrayons l'article suivant du *Moniteur des Colonies :*

Le 6 avril 1887, un décret du Président de la République a ratifié les traités du 4 novembre 1842 et du 19 novembre 1886, par lesquels les îles Wallis acceptent le protectorat français. (L'administration des colonies a estimé sans doute que la publication de ce décret au *Bulletin des Lois* suffit pour la validité du traité, parce qu'il ne s'agit pas d'une annexion proprement dite, et que la convention ne contient pas de clauses pécuniaires.)

Les îles Wallis sont situées vers le centre de l'océan Pacifique, à l'ouest des îles Samoa, et au nord des

1. V. *Première Partie*, ch. V, p. 314-320, et *Conclusions*, p. 440.

Tonga et Fidji. Cet archipel se compose d'une île centrale nommée Ouvéa, d'origine volcanique, et d'une dizaine d'îlots madréporiques qui l'entourent et qui sont reliés entre eux par une ceinture de récifs. Une seule coupure, la passe d'Honikulu, est praticable pour les grands navires : une fois qu'ils l'ont franchie, ils se trouvent dans une rade tranquille. Mais les vents soufflent dans une direction presque constamment opposée à celle de l'entrée.

Bien que découvertes vers 1767 par le navigateur anglais qui leur donna son nom, les îles Wallis ont rarement appelé l'attention des nations européennes et sont restées indépendantes.

En 1837, les maristes français y ont débarqué pour évangéliser les habitants. En quelques années, ils les ont tous convertis à la foi catholique. Leur supérieur, Mgr Bataillon, évêque d'Enos, est mort en 1876, après un séjour de près de 40 ans dans l'archipel. Il avait dans les îles Wallis et dans les archipels voisins une très grande influence.

Le 4 novembre 1842, il obtenait du roi Lavelua et des chefs Apalahamo et Maulisio une proclamation dans laquelle ils déclaraient vouloir former un État libre et indépendant, et en raison de la communauté de religion, demander à être sous la protection du roi des Français.

Les étrangers furent admis à se fixer dans les îles et à y acquérir des terrains moyennant une autorisation spéciale. Le même jour, M. Mallet, capitaine de corvette, commandant l'*Embuscade,* signait un traité de paix et d'amitié accordant aux Français le traitement de la nation la plus favorisée et leur promettant toute protection. Des mesures devaient être prises pour réprimer les désertions de matelots; aucun droit de tonnage et d'importation ne pouvait être exigé des négociants sans le consentement de la France; enfin, un tarif déterminait les droits de pilotage et d'ancrage. En 1844, l'amiral Bruat signifia à Lavelua l'acceptation par Louis-Philippe du protectorat demandé dans la proclamation du 4 novembre 1842. On trouve d'intéressants détails sur les relations de M. Mallet avec les Wallésiens dans la *Vie de Mgr Bataillon* publiée en 1877 par un de ses anciens collaborateurs.

Les indigènes ont gardé les mœurs les plus simples. Il n'y a ni lois ni tribunaux. La reine Amélia, qui a succédé à son père Lavelua, décide d'après son instinct d'équité et les conseils des missionnaires catholiques français. L'annexion des Fidji par l'Angleterre et les entreprises des Allemands aux Samoa ont inquiété les indigènes des Wallis. Dès 1870, le consul de l'Allemagne du Nord aux Samoa, M. Weber, fonda un comptoir à Mira, mais il dut, devant les résistances de la reine, renoncer à créer des fermes. C'est le seul établissement européen aux Wallis. Sir Arthur Gordon, gouverneur des Fidji, envoya en 1880 son secrétaire, M. de Rumilly, aux Wallis pour pressentir les dispositions de la reine à l'égard de l'Angleterre. Cette princesse exprima la volonté de demeurer indépendante. Néanmoins elle n'a cessé d'affirmer et à nos missionnaires et aux marins français, notamment en 1880 et 1883, son désir d'être protégée par la France contre les tentatives d'annexion des autres puissances. En 1884, M. Paul Deschanel, en exposant cette situation dans son excellent livre sur la *Politique française en Océanie*, formulait le vœu qu'un traité commercial et politique avec les Wallis nous assurât dans un avenir prochain une suprématie réelle.

Ce vœu est aujourd'hui accompli. En 1886, le navire le *Decrès* s'est rendu à deux reprises aux Wallis sous prétexte de visiter les missions de l'Océanie centrale. Son commandant s'entendit avec la reine et le supérieur des maristes, dont l'influence, absolument prépondérante sur tous les indigènes, s'est sans cesse exercée en notre faveur, et, le 19 novembre dernier, le contre-amiral Marcq de Saint-Hilaire a signé avec la reine Amelia un traité renouvelant et complétant celui de 1842. Les îles sont placées sous notre protectorat. Leur pavillon sera écartelé des couleurs nationales françaises. Le résident, nommé par le gouvernement de la République avec l'assentiment de la reine, aura entrée dans le conseil des ministres.

Il était nécessaire que le pavillon français flottât dans une partie du Pacifique où l'Allemagne et l'Angleterre ont acquis une position si forte, l'une par son traité avec les Tonga et sa prise de possession des Marshall, l'autre par l'annexion des Fidji, toutes deux par les droits qu'elles ont, d'accord et en commun avec le gouvernement de Washington, su se faire accorder aux Samoa.

L'archipel des Wallis servira de station intermédiaire

entre Tahiti et la Nouvelle-Calédonie. Les difficultés mêmes qui se présentent quand on veut traverser la ceinture de récifs rendraient notre nouvelle possession facile à défendre contre une tentative hostile. En temps de paix, l'archipel pourra, surtout après le perçement du canal de Panama, devenir un entrepôt commercial important, et, si l'on crée un service de paquebots transpacifiques, ils pourront y faire escale.

Les riches produits des Wallis (caféier, canne à sucre, coton, cocos) fourniront, d'ailleurs, d'abondants éléments au commerce.

L'établissement de notre protectorat a été notifié à toutes les puissances. Cette formalité est obligatoire sur la côte d'Afrique en vertu des décisions de la conférence de Berlin. Mais les puissances européennes font bien de la remplir même en Océanie, pour prévenir toute réclamation ultérieure et obtenir tout de suite une reconnaissance des droits que leur confèrent les traités passés avec les indigènes. Nous croyons pouvoir annoncer qu'aucun gouvernement n'a protesté contre le traité du 19 novembre 1886.

DEUXIÈME PARTIE

MÉLANÉSIE

ARCHIPELS DES NOUVELLES-HÉBRIDES

DE BANKS ET DE SANTA-CRUZ

ARCHIPELS DES NOUVELLES-HÉBRIDES

DE BANKS ET DE SANTA-CRUZ

CHAPITRE PREMIER

ASPECT GÉNÉRAL. — SOL. — FLORE. — FAUNE. CLIMAT.

Les archipels des Nouvelles-Hébrides, de Banks et de Santa-Cruz sont imparfaitement connus ; les cartes mêmes sont encore à l'état de croquis. Outre les monographies anglaises, allemandes et françaises publiées depuis le commencement du siècle, nous avons consulté, parmi les travaux récents, ceux de M. Forestier, dans les *Annales des Voyages*, en 1868 (îles Vaté et Tanna) ; de M. Meinicke, dans le *Bulletin de la Société de géographie de Berlin* (1874) ; de M. Campbell (*Une année dans les Nouvelles-Hébrides*, à Geelong, Australie, 1874); de M. Eckart, dans le

Bulletin de la Société des Sciences naturelles de Hambourg (1879) ; de M. le Dr Monin, dans les *Archives de médecine navale*[1]. Les *Annales hydrographiques* (Dépôt de la Marine) ont publié en 1871, 1874, 1879, plusieurs études sur les Nouvelles-Hébrides, dont la plus complète[2] est empruntée à la relation de M. Markham, insérée dans le *Bulletin de la Société de géographie de Londres* (tome XLII, p. 234 et seq.). M. Pigeonneau a résumé ces divers travaux à la Société de géographie commerciale de Paris (séance du 20 juillet 1880). Il faut y ajouter le *Voyage en Nouvelle-Calédonie*, de M. Ch. Lemire (Challamel, 1884), et les nombreux articles des Bulletins des Sociétés de géographie, des revues et feuilles spéciales, notamment un *Guide de l'émigrant en Nouvelle-Calédonie et aux Nouvelles-Hébrides*, par M. Ch. du Peloux, dans la *Gazette Géographique* (numéros du 6 janvier au 31 mars 1887).

Nous avons eu aussi entre les mains les rapports de M. l'amiral Dupetit-Thouars et des officiers qui, en 1879, ont fait une tournée dans les

1. Tome XXXVIII, nº 12 (1882), et tome XXXIX, nº 1 (1883). *Campagne de la Victorieuse* (1878-1881).

2. Nº 602c, *Océan Pacifique Sud*. Notice 4. (1879.)

îles principales à bord du croiseur le *Segond*[1], et les rapports inédits postérieurs, ceux de M. Higginson, par exemple.

En un mot nous avons condensé tous les renseignements recueillis jusqu'à ce jour : pour discerner la meilleure politique à suivre, n'est-il pas indispensable de connaître les ressources et les avantages que peuvent offrir ces îles au point de vue de l'agriculture, du commerce, de la navigation, et les difficultés auxquelles pourrait se heurter notre œuvre civilisatrice de la part de la nature ou des hommes ?

Nous allons donc essayer d'abord de juger ce pays en lui-même, indépendamment de tout parti pris national, de toute arrière-pensée politique ; nous voulons écrire ces premiers chapitres sur une page blanche : sans cet examen préliminaire, comment reconnaître la conduite à tenir envers l'Angleterre et envers l'Australie ; comment savoir dans quelle mesure nous devons souhaiter de prendre aux Nouvelles-Hébrides une position prépondérante, et par quels

---

1. M. Roberjot, lieutenant de vaisseau, a publié son étude sur les mœurs des insulaires dans le *Bulletin de la Société de géographie de Paris* (1er trimestre 1883).

moyens ; enfin, comment aborder la grave question de la colonisation pénale ? L'intérêt de la patrie ne peut être bien servi que par la connaissance exacte de la vérité.

I

Aspect général. — Sol.

Les trois archipels s'étendent sur une longueur de 1,200 kilomètres dans la direction du N.-N.-O., entre 9° 45′ et 20° 16′ de latitude sud, 163° 20′ et 168° 10′ de longitude est, à environ 400 kilomètres au nord de la Nouvelle-Calédonie, entre les îles Fidji à l'est et les îles Salomon au nord-ouest, et à distance à peu près égale de ces deux groupes et de la Nouvelle-Calédonie.

La plus méridionale des Nouvelles-Hébrides est à 115 milles de Maré, l'une des Loyalty, dépendances de la Nouvelle-Calédonie, et à 220 milles en ligne droite de Nouméa, c'est-à-dire moins éloignée de ce point que la partie nord de notre colonie. L'île Tanna est à moins de 150 milles de Lifu, la plus grande des Loyalty. Les îles les plus voisines à l'est de Tanna sont les Fidji, à 450 milles.

Géographiquement et physiquement, les Nouvelles-Hébrides sont une dépendance de la Nouvelle-Calédonie. Api et Tanna ont des cratères presque toujours actifs, de nombreuses sources thermales et de fréquents tremblements de terre. Il est rare que le volcan de Tanna soit en pleine éruption sans que la Nouvelle-Calédonie ressente des commotions souterraines. Une ligne idéale menée du cratère de Tinacula à celui de Tanna, sur une étendue de 600 milles, passe près du volcan de Ureparaguara, des sources bouillantes de Vanua-Lava et des cratères en activité d'Ambrym et de Lopevi ; elle coupe Santa-Cruz, Santa-Maria, la partie sud de Pentecôte et Api, qui toutes sont dominées par des pics analogues. Vues de la mer, elles ressemblent à des pyramides de verdure.

Les côtes sont élevées, bordées de falaises abruptes ; mais la mer est libre et profonde, et le navigateur n'a pas à craindre ces bancs de corail, ces récifs à fleur d'eau qui rendent si dangereuse la navigation des archipels voisins. Dana attribue l'absence de récifs à la destruction des zoophytes par la chaleur des volcans : les éruptions sous-marines échauffent l'eau et paralysent la vie animale et végétale.

Les coraux forment l'assise même des îles, de sorte que la bordure madréporique paraît comme soudée à la terre et se prolonge plus ou moins dans l'intérieur. Le plus souvent, les dernières pentes des collines descendent jusqu'à la mer, de sorte qu'il n'y a guère de plaines proprement dites, mais des plages assez étroites enfermées entre deux promontoires. Sur trois points seulement, à Anatom, à Vaté et au nord de Saint-Esprit, on trouve au delà de ces plages des plateaux assez vastes traversés par des cours d'eau et formés de leurs alluvions.

Le sol est formé des cendres et des scories volcaniques, des pierres ponces, des roches amalgamées au sable, aux débris de corail, à l'humus produit par la décomposition des feuilles et des plantes. Selon que tel ou tel de ces éléments domine, la couleur du sol varie : rouge à Tanna et à Ambrym, gras et noir à Sandwich et à Santo, maigre et blanchâtre à Erromango, sablonneux à Mallicolo, mais toujours fertile. Il n'est pas partout très profond, et, en maint endroit du littoral, l'assise coralligène paraît à nu.

II.

Flore. — Faune.

Flore. — Tout le monde s'accorde à reconnaître l'abondance des ressources naturelles. La puissance, la richesse de cette nature fécondée par le soleil et par les pluies des tropiques, ont frappé tous les voyageurs. « Il n'y a pas de contrées si belles en Amérique, dit Queiros, et bien peu les égalent en Europe. » Forster et Cook ont parlé aussi avec enthousiasme de la splendeur de la végétation et des paysages.

Tandis que les archipels situés plus à l'est, jusqu'à Tahiti et aux Marquises, semblent avoir composé leur flore des débris végétaux et animaux apportés par l'Océan, les Nouvelles-Hébrides, au contraire, comme les Fidji et les Salomon, possèdent une flore indigène. Situées sur la limite de deux mondes, elles forment comme un trait d'union entre la flore des îles malaises et celle des archipels de la Mélanésie et de la Polynésie. A côté du bananier, de l'igname, de la canne à sucre, on trouve l'arbre à pain, le taro (chou caraïbe). Les vallées et les pentes des montagnes sont couvertes de forêts de cocotiers ; on y voit aussi le goyavier, la pomme de Cythère, le figuier, l'*Inocarpus edulis,* dont les amandes torréfiées rappellent le goût de nos châtaignes, d'innombrables palmiers et lataniers. Sur le rivage croissent l'oranger, l'arec d'Amérique (chou palmiste), le sagoutier, le pandanus, le dracéna, des cannes aux bractées écarlates, des frangipaniers dangereux, l'hibiscus ; enfin, mêlé aux palétuviers et aux mangliers, un des plus beaux arbres du monde, d'après Forster, le barringtonia, dont les noix, broyées et jetées dans la mer, servent, dit-on, à endormir le poisson.

Le nombre des cocotiers surtout est prodigieux ; ils sont moins riches que ceux de Ceylan ou de Tahiti, mais plus riches que ceux de la Calédonie ; il y en a tant, que leur exploitation seule suffirait à faire vivre une population considérable[1].

Les villages du littoral sont en général cachés

---

1. L'amande sèche du coco, ou coprah, est utilisée pour en tirer de l'huile. Le coprah est aujourd'hui exploité à Api, à Ambrym et à Aoba. On le paye sur place à raison de 150 francs la tonne (en réalité, ce qu'on remet aux indigènes en tabac, allumettes, armes et poudre n'en représente pas le quart). Il faut environ 7,000 cocos pour obtenir une tonne de coprah, et l'on a dix ou quinze cocos pour une pipe de tabac.

par un bouquet de cocotiers ; ceux de l'intérieur sont abrités par d'immenses banians. Autour des villages, ou cantonnées dans les clairières des montagnes, se trouvent les cultures des indigènes, petits enclos protégés par des roseaux ; elles ne contiennent guère que des plants de taros, des ignames, des patates, du tabac [1], et des cannes à sucre (le mets préféré des Néo-Hébridais) ; ils cultivent aussi le bananier et le papayer, qui sert à engraisser les cochons. A Anatom, il y a des orangers et des citronniers de fort belle venue. Le café, le coton, le cacao, le manioc, la vanille, le ricin, le rocou, la plupart de nos légumes, réussissent partout. Le maïs donne trois récoltes par an et produit de 2,500 à 3,000 kilogr. à l'hectare. Les forêts contiennent le tamanou, l'ébène [2], des bois de teinture jaune et rouge.

Parmi les bois d'ébénisterie, on cite comme un des plus abondants et des plus applicables aux usages de l'industrie européenne la casuarine ou

---

1. Le tabac est devenu une nécessité pour les Canaques ; il n'est pas rare de les voir aller à la rencontre d'un navire jusqu'à cinq ou six milles au large pour s'en procurer. Aujourd'hui, tous les colons européens, et beaucoup d'indigènes ayant travaillé chez les blancs, cultivent cette plante, qui est splendide et pourrait rivaliser avec celle de la Virginie.

2. Telle racine suffirait à fournir l'arrière d'un bâtiment de 200 tonneaux.

bois de filao, que les indigènes emploient à la confection des pirogues, à la construction des cabanes, à la fabrication des casse-tête, des arcs et des lances. Ce bois, dur, très compacte et cependant léger, résistant, marbré de taches rouges et d'un grain fin et serré, mériterait d'être étudié par notre ébénisterie parisienne, qui pourrait en tirer un excellent parti. Quant au sandal, l'exploitation inintelligente d'aventuriers avides l'a détruit, au moins près de la mer ; on pourrait en replanter ; ce serait une abondante source de richesse.

Il y a du soufre en quantité ; Saint-Esprit possède des schistes ardoisiers, du quartz et du fer. On a rapporté à Nouméa des échantillons de divers minerais, cuivre et nickel, mais on n'a jamais fait d'études minéralogiques sérieuses.

Faune. — La faune est moins variée que la flore ; elle appartient exclusivement aux espèces de l'archipel malais. Les seuls animaux domestiques que connussent les indigènes au temps de Queiros, étaient le cochon et la poule ; le chien a été introduit par Cook ; les chevaux, les moutons, les bœufs, les chats, ont été importés par les missionnaires et n'ont pas encore eu le temps de se multiplier. Le porc est presque à l'état sauvage ; il a les oreilles droites, les pattes courtes et les soies hérissées; on ne le mange que dans des circonstances exceptionnelles : la fortune d'une famille est cotée d'après le nombre de mâchoires de porc suspendues à sa porte. Les rats, fort nombreux, ravagent les cannes à sucre et les bananiers. Des nuées de chauves-souris dévorent les fruits des figuiers.

Les Néo-Hébridais élèvent des poules, qu'ils vendent en échange d'objets relativement précieux, hachettes, coutelas, etc. Il y a quelques sarcelles, perruches, tourterelles, pigeons, martins-pêcheurs et hirondelles; beaucoup de mouches et de moustiques; point de serpents.

La mer est très poissonneuse : un coup de filet jeté à Mallicolo a amené plus de 50 kilogr. de mulets, anguilles, etc. Les baleines fréquentaient jadis en foule ces parages ; aujourd'hui, c'est à peine si l'on en tue une ou deux par an.

Enfin, on trouve sur certains points de la nacre et des écailles de tortue. Quant aux pêcheries de perles dont parle Queiros, les navigateurs qui l'ont suivi ne les ont pas plus retrouvées que les mines d'argent signalées dans ses Mémoires au roi d'Espagne.

III.

Climat.

Les Nouvelles-Hébrides sont soumises à toutes les conditions thermiques et hydrométriques des contrées intertropicales. La belle saison, ou saison sèche, va de mai à octobre inclusivement, et la saison humide, de novembre à avril. Même pendant la saison sèche, les rosées et les pluies sont très abondantes. Dans la saison des pluies, surtout en janvier et en février, il y a des ouragans et des cyclones d'une extrême violence [1], et de brusques variations de température. Les tempêtes sont plus fréquentes au sud de l'archipel, à Anatom par exemple; elles durent de deux à quatre et même à six jours.

Il est difficile de se faire une opinion exacte sur les conditions hygiéniques de ces îles d'après tous les témoignages contradictoires des naviga-

1. Les vents réguliers soufflent de l'E.-S.-E. ; mais les plus violents, qui suivent généralement les calmes, sont S.-E. Quelquefois ils font le tour par le N. et l'O. pour reprendre la direction des alizés. Ce phénomène donne lieu au *Lan-San,* ou gros vent de S.-E.

teurs, des missionnaires et des colons. Les médecins seuls — chose rare ! — sont ici d'accord, et il faut dire que leur opinion n'est guère favorable.

Mais il faut observer d'abord qu'ils n'ont guère parlé que des côtes, que les Européens n'ont pas pénétré dans l'intérieur de toutes les îles, et que, sur les côtes, ce qu'on connaît le mieux, ce sont les environs des ports, des baies, où les navires peuvent aborder. Il est vrai que ces terrains sont les plus propres à la culture et au commerce, d'abord par cela même qu'ils sont près des mouillages et de l'embouchure des rivières, ensuite parce qu'ils sont formés de terres d'alluvion d'une incomparable fertilité : or, ce sont justement ces terres d'alluvion qui sont les plus malsaines ; les indigènes s'en écartent et vont habiter à quelque distance ou à mi-côte, dans les bois, ou même dans quelque îlot voisin.

D'autre part, on doit reconnaître aussi que l'insalubrité du climat a été exagérée par les rapports des missionnaires, qui, ne connaissant pas le pays, et épuisés, surtout au début, par les privations, se sont trouvés dans des conditions exceptionnellement mauvaises. Ce qui est certain, c'est que les côtes orientales, exposées au vent du sud-est, sont très salubres ; au contraire, les côtes occidentales, couvertes de forêts impénétrables, sont dangereuses. Voici l'opinion d'un ancien commissaire du gouvernement de la Calédonie pour la surveillance de l'immigration néo-hébridaise, M. Lechartier :

Nous n'avons jamais entendu parler, dit-il, de cas un peu importants de fièvre paludéenne, tels qu'il s'en présente à Madagascar, au Sénégal, à la Guyane. Les colons européens que nous avons rencontrés à Sandwich nous ont affirmé ne s'être jamais mieux portés. Ce climat serait très supportable pour les blancs qui se conformeraient aux principes d'hygiène des pays chauds.

Il indique pourtant le danger que présente la côte ouest ; il en donne la raison et indique le remède :

Là, depuis des milliers de siècles, ont grandi des forêts vierges impénétrables. Les lianes qui relient entre eux des arbres séculaires, les joncs et les bambous arrêtent la circulation de l'air et produisent des miasmes fétides. Cet amas de détritus engendre parfois de légères épidémies ; mais elles disparaîtraient dès que la hache du pionnier aurait donné de l'air à ces immenses forêts : il suffirait de quelques coupes sombres, de quelques tranchées d'une côte à l'autre, pour rendre la côte ouest aussi saine que l'autre. Le climat des Nouvelles-Hébrides est, à peu de chose près, celui de la Nouvelle-Calédonie, un peu plus chaud toutefois sur la côte ouest.

CHAPITRE II

TOURNÉE A TRAVERS LES ÎLES. — PORTS. RESSOURCES.

Nous allons maintenant parcourir rapidement les trois archipels du sud au nord, en partant de la Nouvelle-Calédonie.

I.

LES NOUVELLES-HÉBRIDES.

La plus méridionale des Hébrides est *Anatom*[1]. On y arrive directement de Nouméa en 24 heures. Tout y rappelle la côte orientale de la Nouvelle-Calédonie : l'aspect général des bancs de corail plantés de cocotiers, les troncs blanchâtres des niaoulis (qu'on n'aperçoit plus dans les au-

1. Hauteur, 850 mètres ; longueur, 8 lieues ; largeur, 7.

tres parties de l'archipel), la couleur de rouille du sol aux flancs des montagnes, etc.

Il y a au S.-O. un mouillage qui n'est sûr que d'avril à octobre. On y trouve de l'eau et du bois à brûler ; mais comme l'île produit à peine assez de provisions pour les habitants, il est impossible de s'en procurer.

Au milieu de la côte nord, il y a un autre port, bien abrité (port Patrick) ; mais le récif de corail intérieur en diminue l'entrée : il n'est accessible qu'aux petits bâtiments.

Des missionnaires protestants (presbytériens de la Nouvelle-Écosse) sont établis dans l'île depuis 1842. Ils y ont construit 44 écoles et 11 maisons de prière, pour une population de 1,215 habitants, dont 6 p. 100 de femmes. Des missionnaires catholiques français, venus de la Nouvelle-Calédonie, ont essayé de s'y fixer à leur tour il y a quelques années ; ils n'ont pas tardé à repartir. Trois Anglais, sur différents points de l'île, recueillent un peu de coprah.

Les baleiniers passent souvent à Anatom ; aussi les indigènes voisins du mouillage sont-ils à peu près civilisés : les hommes portent des pantalons ; les femmes sont en gaule ; ils parlent anglais. Sauf les métis, assez nombreux, ils présentent tous les caractères du Mélanésien : forte stature, peau presque noire, cheveux courts et laineux, barbe rare et frisée, yeux noirs, nez épaté; c'est tout à fait le type des Loyalty. Ils ne communiquent avec aucune des îles voisines. Ils se nourrissent presque exclusivement de végétaux, d'ignames, de taros, de cannes à sucre. Quand nos officiers débarquent, les naturels ne marquent ni crainte ni empressement ; il est presque impossible de converser avec eux, tant ils mettent d'indifférence à répondre.

Erronan (ou *Futana*[2]), découverte par Cook, comme les précédentes, en 1774, fut revue par d'Entrecasteaux en 1793, et par Dumont d'Urville en 1827.

A la rigueur, les petits bâtiments, d'un tonnage maximum de 20 tonneaux, peuvent mouiller pendant la saison des vents de S.-E. sur la côte ouest, baie du Hérald.

Le climat est sain.

Les 900 habitants de l'île sont animés de dispositions amicales et échangent contre du tabac et des bouteilles une sorte de poisson volant d'une

1. Hauteur, 558 mètres ; circonférence, 4 à 5 milles.

grosseur extraordinaire, qu'ils apportent dans leurs pirogues.

Tanna[1], haute, montagneuse, possède un volcan en activité, le plus beau de l'archipel, et aussi le plus célèbre depuis les descriptions de Cook et de Forster ; il est couvert d'une admirable végétation : la fumée semble sortir de la cime des arbres.

A l'ouest, on aperçoit de grandes plaines couvertes d'épaisses herbes incultes.

Tanna renferme des cocos en grande quantité, des ignames, des patates, des figues sauvages, de la canne à sucre. Les forêts contiennent des bois magnifiques ; on peut encore y trouver du sandal.

Les porcs sont très communs ; les volailles, rares. Il y a beaucoup de poisson sur les côtes, et la pêche est très productive en raies, bécunes, mulets, dorades, maquereaux, etc.

On compte quatre mouillages : le premier, à l'ouest, ne peut servir que temporairement, d'avril à octobre (baie de la Plage noire, ou Lonantomor) ; le second, au sud-ouest (Sangalié) ; le

1. A onze ou douze lieues d'Anatom. — 13 lieues de long sur 8 lieues de large.

troisième, à la pointe S.-E. (port Résolution, du nom d'un des navires de Cook) ; le quatrième, à 3 milles dans le N.-O. (Ouaïssissi).

Le port Résolution, jadis excellent, a été bouleversé en 1878 par quatre tremblements de terre ; il n'est plus accessible qu'à des navires d'un faible tirant d'eau et très courts.

Bien qu'il pleuve souvent, l'eau douce est rare, probablement à cause de la porosité du sol, due aux phénomènes volcaniques. Les indigènes, qui boivent peu, se contentent d'une eau à peine dessalée recueillie dans des trous creusés près de la mer.

Cook n'a pas eu à se plaindre des habitants ; toutefois, il y a toujours lieu de prendre des précautions.

Leur langue est particulière aux îles Tanna, Anatom et Erronan. Quelques chefs parlent un peu l'anglais.

Ils sont depuis longtemps en relations avec les Européens : les caboteurs prennent des cocos, des porcs, du sandal, et donnent en échange des fusils, de la poudre, des balles, du minium, du calicot, des pipes, couteaux, colliers, etc.

Tanna est une des îles où l'on a recruté longtemps le plus de travailleurs.

Elle renferme une mine de soufre admirable, l'une des plus belles du monde, qui appartient à la Société calédonienne.

Aniwa (ou *Immer* ou *Niua*)[1] est une petite île basse, couverte de cocotiers ; c'est la seule du groupe dont la hauteur ne dépasse pas 30 mètres. Elle compte environ 220 habitants, dont 150 sont chrétiens ; les naturels sont en relations suivies avec ceux de Tanna.

Erromango[2] (à 8 lieues de Tanna), haute et rocheuse, présente presque partout une côte de fer. On n'y connaît pas de véritable port. C'est de là qu'on a tiré jadis les 6 millions de sandal qu'on a exporté en Chine.

La population ne s'élève pas à plus de 1,500 habitants. Les missionnaires anglicans ont fait des efforts considérables sur ce point ; ils n'ont accompli encore aucun progrès sérieux ; deux d'entre eux, et des *teachers* indigènes, ont été massacrés. Tous les Européens qui ont habité cette île sont tombés malades, parce que l'hostilité des naturels

1. 2 à 3 milles de circonférence.
2. 24 lieues de tour.

les force à rester cantonnés sur un point de la côte qui est malsain.

Erromango est beaucoup moins fertile que Tanna; ses grands plateaux en étages sont formés par les soulèvements madréporiques ; souvent, il suffit de gratter l'humus pour rencontrer le corail. Les cocotiers sont rares.

Vaté (ou *Sandwich*[1]), à 18 lieues de la précédente, est moins montagneuse que Tanna et Erromango. C'est le point central de l'archipel ; c'est aussi le mieux connu. C'est là que l'émigration est la plus active : aussi les relations avec les habitants sont-elles assez cordiales ; mais il faut néanmoins toujours se tenir sur ses gardes ; ils ont beaucoup de haches, dont ils ne se dessaisissent jamais, et quelques fusils.

La partie ouest de l'île est couverte de forêts.

Les productions végétales sont le coco, l'igname, le taro, l'arbre à pain, la banane, la canne à sucre. Il y a des porcs, dont une espèce remarquable par sa grosseur, et des poules, mais peu nombreuses.

---

1. 25 lieues de tour et 10 de large.

La côte ouest offre deux bons ports, Havannah et Vila.

On y trouve de l'eau, des moutons, de la volaille, des légumes et du pain. Le rivage est très fertile, non seulement sur le plateau inférieur, mais sur les pentes douces qui mènent aux plateaux supérieurs. Les crêtes conviennent parfaitement à l'élevage des moutons. Les essais de culture par les colons sont remarquables.

Fly est une petite île basse située à 3 milles dans le N.-E. de Vaté.

Hinchinbroock (ou *Vele* [1]) est une petite île située à environ 2 milles au N.-O. de la précédente et dans le N.-N.-E. de Vaté, à 4 milles de distance. Les habitants ont enlevé, il y a quelques années, deux bâtiments anglais et massacré les équipages.

Pele, île haute, est située dans le canal que forment les îles Hinchinbroock et Montague avec Vaté.

---

1. Hauteur, 243 mètres; 2 milles de longueur de l'est à l'ouest et environ 1 mille de largeur.

Montague (ou *Nguna* ou *Muna*[1]) offre, à l'ouest, un mouillage provisoire, le havre *Na-Ora-Matua*.

Monument, petite île plate, inhabitée.

Deux-Collines (ou *Deux-Monts* ou *Matasso*[2]). Débarquement difficile ; naturels affables.

Trois-Monts (ou *île de Maï*[3]). La population a été estimée de 800 à 1,200 habitants. Ils parlent trois dialectes. Leur caractère est bruyant et querelleur ; quand on communique avec eux, il faut se tenir constamment sur ses gardes. Ils n'ont que quelques embarcations.

On peut mouiller par 14 à 11 mètres d'eau au N.-O., et s'y procurer des porcs, des ignames, en donnant en échange du calicot, etc. ; on ne trouve pas d'eau douce et très peu de bois à brûler.

Iles Shepherd. — C'est un petit groupe d'îles hautes, d'îlots et de rochers, qui s'étendent du

1. Hauteur, 240 mètres; 5 milles 1/4 de long de l'est à l'ouest.
2. Hauteur, 500 mètres ; 2 à 3 milles de long du N.-O. au S.-E., sur 1 mille à 1 mille 1/2 de large.
3. Hauteur, 564 mètres; largeur, 2 milles.

N.-O. au S.-E., sur une longueur de 15 milles; l'île la plus sud se trouve à 12 milles dans l'est de l'île Mai, et la plus nord à 2 milles 1/2 au sud de la pointe sud de l'île Api.

Il y a trois grandes îles, dont les hauteurs varient de 549 à 183 mètres au-dessus de la mer : *Tonoa, Tongariki* et *Laïka;* et trois petites : *Avose, Twala* et *Sail-Rock.*

Toutes les îles que nous avons passées en revue jusqu'ici furent découvertes par Cook en 1774.

Api (ou Tasico[1]), à 15 milles au nord de l'île des Trois-Monts, est très fertile, bien boisée, et arrosée par plusieurs ruisseaux.

Il y a au sud un mouillage (baie Sakau) exposé à la violence de l'alizé, mais où, en temps ordinaire, la mer est calme; on peut s'y procurer des ignames.

Il y a également des mouillages passables au nord et au sud du cap Foreland, sur la côte ouest.

Les naturels sont doux; ils parlent anglais. L'île paraît très peuplée.

Lopevi, à 5 milles au N.-E. d'Api, est un cône

1. 25 milles de long du N.-O. au S.-E., 6 à 10 milles de large; point culminant, 853 mètres.

aigu de 1,524 mètres, volcan en activité. Il ne reste sur cette petite île que peu d'habitants, assez sociables. La végétation est rare. On ne peut débarquer que sur une plage située dans une petite baie, à l'ouest ; un fort ressac rend le débarquement difficile.

Paama (ou *Rupia*, ou *Paum*, ou *Palma*[1]), à 3 milles dans l'O. de Lopevi, est aussi un volcan en activité. Une grande partie de l'île est dénudée. La population est peu nombreuse. Il y a un mouillage sur la côte ouest, par 22 mètres d'eau.

Ambrym[2], volcan en activité (1,060 mètres), fut découverte par Bougainville en 1768, et revue par Cook en 1774.

Elle est située au nord de Paama, dont elle est séparée par un canal de 6 milles de large. Elle ressemble beaucoup à Tanna. Les falaises sont droites, grisâtres ; on dirait un mélange de sable et de cendres. Point de madrépores apparents ; le sol est noir, peu compact, il cède au pied. Comme

---

1. 5 milles de long sur 1 mille 1/2 de large ; hauteur, 518 à 579 mètres.

2. 17 milles du nord au sud, sur 22 milles de l'est à l'ouest.

à Tanna, les cocotiers abondent jusque sur les hauteurs, notamment sur la côte sud. L'eau manque : les habitants boivent de l'eau saumâtre.

La population semble nombreuse. Les naturels du village de Loliwar paraissent assez sociables ; mais en d'autres endroits, ils ont quelquefois lancé des flèches sur les canots qui voulaient aborder. Ils sont laids, grêles, avec les cheveux laineux, la barbe rare ; quelques-uns ont le front peint en noir. Presque tous ont au bras gauche le bracelet de protection pour le tir de l'arc. Les femmes ont au cou des défenses de porc croisées sur la poitrine. Il y a beaucoup de lépreux.

Cette île a fourni un grand nombre de travailleurs à la Nouvelle-Calédonie et à Queensland.

Ambrym et Mallicolo sont les seules des Hébrides qui soient liées entre elles par des relations fréquentes et amicales ; les habitants des deux îles se ressemblent et ont des ornements et des armes analogues.

Mallicolo est une île grande et haute. Bougainville, qui la découvrit en mai 1768, ne fit que passer au large. En juillet 1774, Cook, avec la *Résolution*, la visita et y découvrit un bon port, situé dans la partie S.-E., qu'il nomma port Sandwich, et dans lequel il mouilla.

Forster, en parlant de Mallicolo, s'exprime ainsi: « Les montagnes sont très élevées, couvertes de forêts. Le sol est riche et fertile comme celui des plaines des îles de la Société; les productions végétales semblent être abondantes et fort variées. »

La côte méridionale est entièrement boisée, depuis le rivage jusqu'au sommet des montagnes; ailleurs, il y a des plaines où l'on pourrait élever des bestiaux.

L'île produit tous les fruits et légumes ordinaires des pays chauds. Les cocotiers abondent sur la grande terre et sur les îlots; les ignames sont excellentes. On élève des volailles et des porcs. On y trouve aussi du poisson; mais quelques espèces sont empoisonnées.

Le port Sandwich, situé à environ 8 milles au nord de la pointe S.-E. de l'île, a environ 3 milles de long et 1 de large. C'est certainement la rade la plus sûre des Nouvelles-Hébrides, mais elle n'est point saine, car la rivière Erskine, bordée de palétuviers, y déverse ses eaux chargées de limon[1].

---

1. Le capitaine Moresby, commandant la corvette anglaise le *Basilisk* qui y mouilla en 1872, dit que la rivière Erskine ne peut être recommandée comme aiguade, car elle n'a pas de

La population paraît assez nombreuse. Le type est petit, laid et grêle [1].

Saint-Barthélemi [2], à 7 milles au nord de Mallicolo, avec laquelle elle forme le détroit de Bougainville, est une île bien boisée et peuplée. Il y a un mouillage à l'ouest, mais sans eau douce.

Pentecôte (ou *Whitsuntide* [3]) fut découverte par Bougainville en 1768 et revue par Cook en 1774. Elle est bien peuplée et bien cultivée. Les naturels y sont affables et disposés à trafiquer.

---

cours d'eau, et la marée se fait sentir jusqu'à une grande distance de l'embouchure ; en outre, un canot ne peut y entrer qu'à marée haute ou à 3/4 de flot. L'entrée de la rivière s'obstrue rapidement.

« J'espérais trouver là un bon port et une rivière accessible, dit M. l'amiral Dupetit-Thouars. Le port existe, mais c'est une longue baie étroite où l'on étouffe, et l'embouchure de la rivière Erskine est actuellement obstruée par des palétuviers qui en empêchent l'entrée à des embarcations. Il est donc difficile de se procurer de l'eau douce. La chaleur humide a été excessive, et, la nuit, nous avons été pénétrés par un brouillard épais, imprégné de l'odeur de marais. »

1. A Mallicolo, dès que les filles sont nubiles, on leur casse les deux incisives supérieures. Cet usage, qui est considéré comme une beauté, est pratiqué jusque vers le centre de l'île ; dans le nord il disparaît ; il se retrouve au nord de Saint-Esprit.

On vend une fille au prix de 6 à 10 cochons ; cette cherté relative, dans cette île où le cochon est rare, a pour résultat la monogamie. Toutefois, les chefs possèdent parfois jusqu'à dix femmes.

2. 18 à 20 milles de tour.

3. 35 milles de long du N.-N.-O. au S.-S.-E. sur une largeur de 8 milles ; 690 mètres de hauteur.

Il y a un mouillage au sud par 20 mètres d'eau, à l'abri des vents d'E. et de S.-E.

L'*île des Lépreux* (ou *Aoba*[1]), découverte par Bougainville en 1768, revue par Cook en 1774, est située à l'O. des îles Pentecôte et Aurore. Elle est bien boisée et habitée ; il y pousse une grande quantité de cocotiers et d'ignames.

Le meilleur mouillage est celui de Bice-Road, sur la côte nord. Il n'y a pas d'eau.

Aurore (ou *Maïvo*[2]), découverte par Bougainville en 1768 et revue par Cook en 1774. Elle est bien boisée et ne paraît pas très peuplée. Les naturels semblent sociables ; mais comme ils se servent de flèches empoisonnées, il faut être prudent.

Les taros et les cocos sont abondants ; on peut se procurer aussi quelques ignames.

Il y a sur la côte ouest un assez bon mouillage.

Saint-Esprit (*Spiritu Santo*, et par abréviation *Santo*[3]) est la plus grande et la plus belle des Hébrides.

---

1. Longue de 16 milles de l'O.-S.-O. à l'E.-N.-E. et large de 8 milles, haute de 1,222 mètres.

2. Hauteur, 610 mètres ; 30 milles de longueur du nord au sud, et 7 milles de l'est à l'ouest dans sa partie la plus large.

3. L'île a la forme d'un quadrilatère ; elle a 25 lieues du nord

Sa partie Est et les îlots madréporiques qui la bordent offrent de nombreux mouillages ; mais, de ce côté, les rivières sont rares et les cocotiers font défaut. Sur la côte ouest, au contraire, les mouillages sont rares, les rivières nombreuses, et les cocotiers abondent.

On retrouve exactement les mêmes différences dans la nature du sol et de la végétation des deux côtés de la rivière Jourdain, qui vient se jeter, au nord de l'île, dans la grande baie de Saint-Philippe : à l'est, les plateaux de formation madréporique, à étages ; à l'ouest, les montagnes aux vives arêtes, aux angles saillants et durs, hautes de 300 à 1,200 mètres.

C'est là, dans cette magnifique vallée du Jourdain, fermée à l'est par le cap Queiros et à l'ouest par le cap Cumberland, que Queiros avait établi sa *Nouvelle Jérusalem*. Plusieurs cours d'eau y arrosent de vastes et fertiles plaines. L'entrée de la baie a dix lieues de large ; le fond, deux lieues. Le mouillage, à l'embouchure du Jourdain, est excellent ; on y trouve de l'eau douce et du bois,

---

au sud, 12 de l'est à l'ouest, et 60 de tour à peu près. Elle est entourée d'un grand nombre de petites îles et îlots, surtout à l'est et au sud ; ces petites îles sont pour la plupart longues, étroites et hautes, sauf à leur pointe nord, qui est basse et unie.

des porcs et des ignames ; il y a des canards sauvages dans la rivière et près des marais ; il y a aussi du poisson, mais quelques espèces sont nuisibles.

Le thermomètre marque souvent 4 ou 5 degrés de moins pendant la nuit dans cette baie que sur les côtes des autres îles.

Les enfants y ont tous les cheveux teints en rouge avec de la chaux. La population est mêlée de quelques boiteux ; d'autres ont des ulcères. Les hommes sont très grands.

Près du cap Cumberland, on trouve parmi les lianes et les fougères des ruines remarquables ; ce sont les restes de vastes édifices, sur une étendue de trois milles. Les naturels ne peuvent fournir aucun détail sur ces monuments, derniers débris de l'œuvre de Queiros.

Toute la côte Est de Santo est couverte d'une végétation dense et impénétrable ; c'est la nature tropicale en ce qu'elle a de plus exubérant.

Tout ce qu'on voit en suivant de près cette côte, dit M. le Dr Monin, justifie les descriptions enthousiastes qu'en ont faites Queiros, Forster et les navigateurs qui les ont suivis. Bien des fois nous avions eu l'occasion d'admirer les sites des Nouvelles-Hébrides, mais nulle part nous ne les avons trouvés plus ravissants qu'à Santo.

Les productions de Saint-Esprit sont les mêmes

que celles des autres îles. L'écaille de tortue y est renommée ; il y a beaucoup de nacre.

Il n'y a pas un seul Européen.

Les naturels sont plus ou moins farouches suivant les villages[1].

Nous quittons maintenant les Nouvelles-Hébrides, et, en continuant de nous diriger vers le nord, nous allons aborder aux îles Banks.

II.

LES ÎLES BANKS.

Ces îles, qui occupent un espace de 126 milles du S.-E. au N.-O. sur 75 du nord au sud, sont la suite des Nouvelles-Hébrides. Elles furent découvertes par Bligh en 1789, dans le voyage qu'il fit des Tonga à Timor avec la chaloupe que lui avaient laissée les révoltés du *Bounty*[2]. Elles ne furent plus revues par aucun navigateur jusqu'en

1. Voir les récits de MM. Monin et Roberjot.
2. Voir le *Voyage dans la mer du Sud*, de Bligh. Londres, 1792.

1838 ; à cette époque, elles furent cherchées et retrouvées par Dumont d'Urville, qui découvrit en même temps une nouvelle île, à laquelle il donna le nom de Claire.

L'archipel se compose de deux grandes terres principales, *Santa-Maria, Vanua-Lava* (1,500 habitants), et d'un certain nombre de petites îles, îlots et récifs.

Presque toutes sont montagneuses, de formation volcanique, sauf le petit groupe des *Torrès*, les plus N.-O. de l'archipel, qui, quoique hautes, sont de formation coralligène.

La température moyenne, en mai et en juin, est 28°9. Le régime des vents est le même qu'aux Nouvelles-Hébrides ; seulement les ouragans des Hébrides méridionales se font rarement sentir aux îles Banks.

Les productions sont aussi les mêmes : fruits à pain, cocotiers, sagou, bananes, noix muscades, canne à sucre, taro, arrowroot, patates douces, ignames. On trouve quelques cochons.

Il y a de bons mouillages à l'ouest de Santa-Maria et à l'est de Vanua-Lava (port Patterson).

Au N.-E. des îles Banks, nous trouvons six îles et bancs : les îles Tikopia (500 habitants, Polynésiens), Fataka (inhabitée), Anouda (quelques Polynésiens), le banc Charlotte, le récif Pandora et le banc Strathmore. Puis nous arrivons à l'archipel Santa-Cruz.

III.

L'ARCHIPEL SANTA-CRUZ.

Cet archipel comprend les deux grandes îles *Vanikoro* et *Santa-Cruz* ; il s'étend sur une longueur de 60 milles du S.-E. au N.-O., avec un groupe d'îles, nommées *îles Duff*, situé à 70 milles au N.-E. de l'île Santa-Cruz. Nous ne parlerons ici que des deux îles principales.

Vanikoro fut découverte par Lapérouse, qui y fit naufrage et y périt avec les équipages de ses deux bâtiments en 1788.

Le capitaine Edwards, de la *Pandora*, la vit en 1791 ; puis d'Entrecasteaux, en 1793, l'aperçut de loin et la nomma île de la Recherche. Cet amiral, envoyé à la recherche de Lapérouse, passa ainsi sans le savoir près de l'endroit où avait eu lieu le naufrage.

Dumont d'Urville y mouilla en février 1828. Il découvrit le lieu du sinistre et en retira divers objets, canons, ancres, etc. ; il éleva sur un petit îlot, au milieu du port intérieur, un monument à la mémoire de nos infortunés compatriotes[1] ; puis il reprit la mer avec les deux tiers de son équipage, malades des suites de ce court séjour dans l'île.

La population du groupe d'îles dont Vanikoro est le centre décroît rapidement, et on ne peut guère l'estimer aujourd'hui à plus de deux ou trois cents individus répartis dans dix ou douze villages. Un certain nombre de naturels ont le type asiatique ; la nuance de leur peau varie du noir au jaune cuivré : ils ont dû être fortement croisés de Malais ou de Chinois. Ils n'habitent que les côtes et sont très clairsemés.

Le climat de l'île est humide, chaud et malsain, même pour les indigènes, qui sont couverts d'ulcères et souvent malades.

La Société calédonienne y possède de grandes propriétés.

Santa-Cruz (ou *Nitendi*) fut découverte par Mendaña en 1595 ; il y arriva avec trois bâtiments

---

1. V. *Les Restes de l'expédition Lapérouse* (*Bulletin de la Société de géographie commerciale*, t. IX, p. 198).

pour essayer de fonder une colonie ; mais les mauvaises dispositions des naturels, des querelles entre les Espagnols, et la mort de Mendaña lui-même firent abandonner ce dessein ; sa division reprit la mer sans avoir rien fait. L'île fut ensuite visitée par Carteret en 1767 (avec le *Swallow*) ; il la nomma île Egmont, quoiqu'il connût la découverte de Mendaña et le nom de Santa-Cruz que ce navigateur avait donné à cette île. Ses relations avec les naturels ne furent pas non plus pacifiques. Il longea la côte nord de l'île et en fit une carte, qui fut complétée et rectifiée par d'Entrecasteaux en 1793.

Santa-Cruz est montagneuse, haute de 547 mètres ; bien boisée et bien arrosée.

Elle est très peuplée. Les naturels viennent promptement à bord des navires, apportent des cochons, des fruits à pain et des ignames ; ils cherchent aussi à vendre des nattes, qu'ils fabriquent avec une grande habileté. L'aspect de leurs canots et de leurs cases annonce de l'intelligence. Ils ont de grandes pirogues doubles avec lesquelles ils font de longs voyages. Les villages sont vastes, et les maisons entourées de défenses en pierre. Sur la côte nord, les villages sont près de la mer ; ils comptent chacun de 300 à 500 habitants.

Les côtes sud et nord sont découpées par plusieurs baies, dont quelques-unes sont assez profondes ; mais on n'a de données que sur les baies de la côte nord.

Le meilleur mouillage connu est au nord, dans la baie Graciosa ou de Trevanion.

CHAPITRE III

INDIGÈNES. — EUROPÉENS : NAVIGATEURS ; SANDALIERS ; MISSIONNAIRES ; TRAITANTS.

I.

Les Indigènes. — Mœurs. — Coutumes.

Les habitants des Nouvelles-Hébrides et des Santa-Cruz appartiennent pour la plupart à la race Papoue : ils ont le front bas et fuyant, les pommettes larges, le nez aplati, les lèvres proéminentes, les cheveux crépus, la couleur noirâtre et comparable à celle de la suie détrempée, bref, tous les caractères du nègre océanien.

Dans certaines îles, des migrations polynésiennes sont venues modifier la race primitive.

Les hommes des Nouvelles-Hébrides sont en général plus grands, plus développés que ceux des îles Banks et de Santa-Cruz. A Tanna, l'espèce est plus belle et plus forte que dans aucune des autres îles. Les hommes d'Erromango sont plus petits. A Santa-Cruz, ils sont fluets, nerveux, actifs et d'un bon caractère. Ceux de Saint-Esprit passent pour plus intelligents ; mais, comme race, ils ne sont pas comparables à ceux de Tanna.

Il est curieux de voir la facilité avec laquelle la belle race polynésienne se mêle à celle des Papous. Certaines îles habitées par des Polynésiens appartiennent géographiquement aux groupes mélanésiens : ainsi Cherry est habitée par de beaux Polynésiens aux cheveux plats ; les voyageurs parlent des habitants de Tikopia comme de gens doux et hospitaliers ; s'il faut en croire Queiros et Torrès, les îles Duff seraient habitées aussi par des Polynésiens. Ces deux races qui, partout ailleurs, ont toujours été ennemies, se confondent ici et vivent en harmonie sur des îles fort petites.

Les types les plus proches du type nègre primitif se rencontrent chez les habitants de Mallicolo et d'Erromango : ils ont le teint noir, les cheveux laineux, la bouche grande, les dents belles[1], le nez épaté, les pommettes saillantes et le front déprimé latéralement. A Tanna, ils offrent

1. Ils se frottent les dents avec la coque de la noix de coco.

déjà des indices de croisements, soit avec les Malais, soit avec les Polynésiens : leur taille est plus haute, leur chevelure longue, leur teint moins noir ; mais ils ont aussi la barbe courte et frisée, et les mâchoires projetées en avant. A Saint-Esprit, nos officiers ont été frappés de voir dans deux villages très rapprochés des habitants absolument dissemblables : les uns étaient grands, bien faits, alertes, confiants ; les autres, petits, maigres, avaient la peau couverte d'ulcères, l'humeur inquiète et peu communicative. Les insulaires, d'un village à l'autre, ont très peu de relations. Excepté ceux de Mallicolo et d'Erromango, ils se connaissent à peine et gardent leurs mœurs et leurs idiomes différents. Les dialectes varient non seulement d'une île à l'autre, mais de village à village : à Saint-Esprit, un naturel ne peut se faire comprendre à 40 milles de chez lui.

Partout, les vieillards sont peu nombreux, et la maigreur de leurs traits les rend d'une laideur repoussante. Presque tous les enfants ont le ventre proéminent, la tête ronde ou allongée, suivant que la mode locale la soumet, dès la naissance, à des pressions verticales ou latérales. On n'a vu de femmes âgées qu'à Tanna ; elles étaient hideuses.

La polygamie et l'esclavage de la femme sont encore pratiqués aux Nouvelles-Hébrides, comme dans tous les pays sauvages.

Les femmes servent de bêtes de somme : elles font tous les travaux pénibles ; elles cultivent la terre et portent les fardeaux ; les hommes ne portent que leurs armes, dorment sur le sable, chassent ou pêchent. Ceux-là mêmes qui reviennent d'Australie, des Fidji ou de Calédonie, reprennent en rentrant chez eux leurs anciennes habitudes de paresse. Cette condition misérable de la femme est sans doute une des principales causes de l'infériorité de la race : les mères ainsi surmenées n'ont que des enfants chétifs, et elles s'affaiblissent encore en nourrissant pendant 4 ou 5 ans. Nubiles de bonne heure, elles sont peu fécondes et cessent de l'être vers 30 ou 35 ans ; il est rare qu'une femme accouche plus de trois fois. L'extrême jeunesse peut seule leur donner quelque agrément.

Les Hébridais sont en général fort jaloux ; ils tiennent à leurs femmes parce qu'ils ont besoin de l'animal docile sur lequel retombe tout le poids des travaux pénibles. Le prix d'une femme varie de quatre à dix cochons. Aujourd'hui, à Erromango, elle vaut deux fusils, dépense assez considérable, et que les chefs seuls peuvent se permettre plusieurs fois. Le prétendant paye aussi à ce taux le père de la fille qu'il veut épouser. Le mari a droit de vie et de mort sur sa femme et sur ses enfants, et il n'est pas rare qu'il en use quand il lui survient une seconde fille. L'infanticide, moins fréquent qu'il ne l'était en Polynésie, est cependant trop commun ; de la part de la mère, il est peu fréquent ; il reste, d'ailleurs, impuni. On n'a pas pu savoir si l'adoption est pratiquée comme en Polynésie. L'adultère est puni de mort, mais cette extrême rigueur prouve moins la sévérité des mœurs que l'égoïsme des hommes.

Les hommes et les femmes portent peu de tatouages coloriés, à peine quelques raies bleues sur l'abdomen, les reins ou les cuisses. Mais les uns et les autres ont les bras, les flancs et les tempes couverts de cicatrices saillantes qui affectent des formes géométriques ou imitent des fleurs ou des arbres. Les hommes se peignent le visage ; parfois, un côté de la figure est peint en rouge et l'autre en noir, rarement en blanc ; ou bien le front et les joues sont couverts de lignes obliques dessinées avec du vermillon ou toute autre substance, et dirigées en haut et en dehors, de manière à donner à la physionomie une expression joyeuse. Quelques-uns s'enduisent tout le corps d'huile de coco rance mêlée à la suie ou à la poussière de charbon, et paraissent fiers de la couleur de leur peau plus foncée et plus mate ; ce mélange répand une odeur infecte, et la couche visqueuse qui les couvre est tellement épaisse, que, quand ils sortent de l'eau, ni leur corps ni leurs cheveux ne paraissent mouillés.

Tous s'occupent beaucoup de leur chevelure. Ceux qui ont les cheveux courts, les femmes et les enfants surtout, les couvrent d'une couche de chaux qui en change la couleur ; ceux qui les ont longs les graissent au moyen d'une huile rance dont les gouttelettes brillent au soleil. Beaucoup portent des ornements fixés dans leurs cheveux : un coquillage, un peigne de bambou à dents longues, à lame large et gracieusement sculptée, ou des aigrettes de plumes de coq dentelées. Chez quelques insulaires, les cheveux forment une énorme masse qui donne à la tête un volume exagéré. Les habitants de Tanna ont conservé l'habitude, qu'ils avaient déjà il y a plus d'un siècle, de séparer leurs cheveux en petites mèches qu'une étroite bandelette entoure de la racine à l'extrémité laissée libre et frisottée : c'est la coiffure *à porc-épic*, décrite par Forster, et qui demande deux ou trois ans pour être complète.

La plupart des Hébridais ont la cloison des narines percée, et y passent un fragment de corail ou une pierre polie. Ils agrandissent aussi le lobule de l'oreille, et l'amènent presque au niveau du menton ; ils y mettent des anneaux d'écaille ou un bouchon de bambou. Presque tous les hommes ont des bracelets ; en général, ils portent leur pipe ou un couteau dans le bracelet du bras gauche.

Les insulaires chrétiens s'entourent les reins d'un pagne de couleur éclatante ; tous les autres sont nus, et ne cachent que les organes génitaux : à Tanna et à Erromango, cette unique pièce du costume masculin rend les hommes encore plus indécents et rappelle certaines enseignes de Pompéi.

On n'a que des notions très vagues sur les croyances religieuses des naturels des Nouvelles-Hébrides ; cependant le culte des morts, celui du soleil et de la lune, celui des divinités de la mer et des volcans, jouent un grand rôle dans leur mythologie enfantine ; le *tabou* polynésien s'y retrouve également, mais semble observé avec moins de rigueur. Les voyageurs n'ont pas trouvé de temples proprement dits; mais toutes les îles ont leurs bois sacrés, et leurs autels, blocs de pierres grossièrement taillés, où les indigènes déposent les offrandes destinées aux divinités, et sur lesquels les prêtres immolent les animaux et brûlent les victimes humaines qu'ils leur offrent en sacrifice.

Les chefs sont revêtus d'un caractère sacerdotal : ce sont eux qui président les fêtes religieuses, qui prononcent les prières et qui célèbrent les sacrifices par lesquels la tribu inaugure toute entreprise importante. Il existe aussi d'autres prêtres, ou sorciers, fort nombreux. Ces personnages redoutés peuvent frapper d'interdiction une case, un chemin, un arbre. Ils se font payer pour accorder ce qu'on leur demande, mais ils rendent l'argent si leurs promesses ne se réalisent pas.

Tel sorcier inspire la terreur parce qu'il fait prospérer ou dépérir les ignames ; tel autre, parce qu'il donne la santé ou la maladie. Dès qu'un Hébridais tombe malade, il ne s'agit que de trouver le sorcier qui a envoyé le mal et d'essayer de le fléchir par des présents. Le malade est relégué dans la case la plus reculée du village ; deux ou trois fois par jour, ses proches ou ses amis lui apportent à manger ; dès qu'il ne touche plus aux aliments, on le suppose mort, et souvent on l'enterre vivant.

Autrefois, on jetait les cadavres à la mer ; aujourd'hui, on les enterre à côté des cases (au centre du village si c'est celui d'un chef regretté). On continue à déposer sur les tombes des ignames, des cocos, etc. Ce souvenir des morts est le seul sentiment élevé des Hébridais ; ils croient que la vie continue par delà le tombeau.

Leurs habitations sont tout à fait primitives et misérables. Construites en feuilles de cocotiers, serrées les unes contre les autres, les huttes n'ont qu'une ouverture fort basse par où l'air et la lumière entrent à peine. Un feu, constamment entretenu, les remplit de fumée. Quelques pierres servent de sièges ; quelques feuilles, de lits. Les aliments cuisent sur la cendre ou sur des charbons ardents et sont servis sur des feuilles de bananier. On mange le poisson cru, au fur et à mesure qu'on le pêche. On boit le kava avec l'eau-de-vie.

Au crépuscule, les naturels s'enferment dans leurs cases, et n'en sortent le matin que très tard, quand le soleil a séché les herbes : sage précaution, qu'abandonnent, au détriment de leur santé, ceux qui sont assujettis à un travail matinal.

Ils ont quelques instruments de musique : des flûtes de Pan, des conques marines et de petites gourdes percées de trous. Quelquefois, ils ont un véritable orchestre planté au centre de la place du village : ce sont 12 ou 15 troncs d'arbres de hauteur et de grosseur différentes, creusés et fendus d'un côté ; on frappe sur la fente et l'on obtient des sons variés.

Ils ont des pirogues à balancier, petites et grossières.

Leurs armes sont presque toujours l'arc, qu'ils manient à merveille, avec des flèches empoisonnées[1], les casse-tête, frondes et sagayes ; mais ils les remplacent peu à peu par des haches en fer, des coutelas et des fusils ; ils se servent déjà de cartouches de dynamite pour la pêche.

On a très peu de renseignements sur la manière dont ils se gouvernent et sur leurs rapports de famille.

Ils sont réunis en tribus ou groupes d'environ

---

1. La pointe est plongée quelquefois pendant plusieurs jours dans les viscères d'un animal mort.

40 feux. Ces groupes ont un chef, qui commande en temps de guerre, et qui jouit, en temps de paix, d'une autorité très étendue; il lève des tributs et dispose des propriétés et des personnes; après sa mort, il passe au rang des dieux. Ainsi, une île n'a ni roi, ni souverain d'aucune sorte, mais autant de chefs absolument indépendants les uns des autres qu'il y a de villages. L'obéissance à leur volonté est absolue. La façon dont s'opère le recrutement des travailleurs en est une preuve convaincante : si attaché que soit le Canaque à son foyer, il suffit que le chef le désigne pour qu'il consente à s'expatrier pendant une longue période. A son retour, la pacotille qui lui a été donnée à l'expiration de son contrat est partagée entre tous les habitants de son village ; il ne lui reste presque rien des fusils, étoffes, etc., qu'il rapporte. Il est donc bien plus pauvre qu'au départ, car, pendant qu'il travaillait au loin, sa femme, sa case, ses cochons sont devenus la propriété des autres.

Les coutumes varient de tribu à tribu : à Tanna, suivant M. Markham, le meurtre et le vol seraient punis de mort, tandis qu'à Anatom, le meurtrier peut se racheter pour un ou deux porcs, suivant les circonstances du crime. La propriété du territoire paraît indivise entre tous les membres de la tribu, mais l'habitation de chaque famille et ses plantations de cocotiers sont considérées comme une propriété individuelle : c'est à peu près le régime des tribus nomades de l'Algérie.

Les Néo-Hébridais sont encore anthropophages ; ils dévorent non seulement les prisonniers de guerre, les ennemis tués dans le combat, mais les cadavres, qu'ils déterrent. L'anthropophagie n'a complètement disparu qu'à Anatom ; mais il n'en est pas de même dans les autres îles, surtout dans les îles les plus septentrionales. C'est ainsi que, en septembre 1883, un jeune Français a été tué, cuit et mangé par les habitants d'Aoba ; toutefois ces sortes de festins, qui sont toujours accompagnés de libations de kawa, deviennent de plus en plus rares. Du reste, ces mêmes indigènes pour qui la chair humaine est un régal, sont généralement, au contact du blanc, extrêmement doux, à la condition pourtant que celui-ci ne les aura ni frappés, ni offensés, ni surtout trompés. Il n'y a pas de serviteur plus pacifique que le Canaque hébridais qui a émigré en Nouvelle-Calédonie : il est toujours fidèle hors de chez lui. Il est très sensible aux bons traitements, mais implacable dans sa vengeance. M. Lechartier dit à ce propos :

La vengeance, chez eux comme chez la plupart des sauvages, n'est jamais assouvie tant qu'elle n'est pas éteinte dans le sang de leur adversaire. Malheur au blanc qui les offense : il n'est pour lui ni repos ni pardon! Souvent même, dans ce cas, leur colère s'exerce sur le premier qu'ils rencontrent. N'espérez plus jamais leur inspirer confiance si vous les avez une fois trompés. Ne les frappez surtout jamais, car leur haine serait tenace et leur vengeance lente et sûre; ils vous épargneraient d'autant moins que vos dépouilles leur fourniraient un excellent festin. Dans vos relations avec eux, restez calmes ; pas d'épouvante, ni de menaces : affectez la sérénité et la confiance.

C'est encore aux premiers navigateurs qu'on doit les observations les plus justes et les plus utiles sur ces peuples ; dans la plupart des îles, on les retrouve, à peu de chose près, tels que les avaient laissés Queiros et Cook, et les relations de ces deux voyageurs pourraient servir à faire un guide plein d'actualité.

Elles ne pèchent que sur un point : le chiffre de la population. Cook l'estimait à 200,000, d'après le nombre des insulaires qui, à chaque débarquement, venaient entourer les chaloupes. Voici l'opinion de M. le Dr Monin, médecin principal de la marine, dans son intéressant rapport sur la campagne de la *Victorieuse* (1878-1881) :

Si nous nous fondions sur les mêmes raisons pour apprécier, à notre tour, le chiffre de la population des Hébrides, nous serions amené à conclure que ces îles sont presque désertes, car nous n'avons jamais vu sur la plage qu'un fort petit nombre de naturels et n'avons rencontré que très peu de pirogues. Devons-nous croire qu'elles sont moins peuplées aujourd'hui qu'au moment de leur découverte et qu'elles ont participé à ce mouvement de dépopulation qui rend presque désertes des îles jadis florissantes? Quelles raisons pourrions-nous trouver pour expliquer cette disparition des Néo-Hébridais? Ailleurs on allègue la présence permanente des blancs, des habitudes, des besoins nouveaux, des vices importés, et jusqu'à cette fatalité qui oblige le faible à céder la place au fort. Mais les Nouvelles-Hébrides sont aujourd'hui ce qu'elles étaient à l'époque de Cook : elles n'ont subi que momentanément, et sur des points très limités, la présence des étrangers ; on ne leur a imposé ni religion, ni usages, ni vêtements nouveaux, ni importé des maladies et des vices inconnus. Les guerres entre naturels d'une même île ou entre îles voisines ne sont ni plus fréquentes ni plus meurtrières qu'autrefois. Enfin l'enlèvement et le massacre des natifs n'ont jamais été que des faits isolés, très regrettables, mais incapables d'avoir une action marquée sur le mouvement général de la population. Nous aimons mieux penser que Cook et les voyageurs qui l'ont suivi se sont trompés dans leurs appréciations numériques, et que jamais ces îles n'ont eu le nombre d'habitants qu'ils ont supposé. Sans doute les insulaires se pressaient en foule autour des premiers navigateurs et, dans chaque baie, des quantités de pirogues accostaient leur navire ; mais ne peut-on pas expliquer cet empressement par la nouveauté du spectacle et le désir de se procurer quelques-uns de ces objets nouveaux dont ils appréciaient bien vite les avantages? Ils sont moins curieux aujourd'hui ; peut-être ne sont-ils que plus méfiants. C'est donc moins par le nombre des individus que l'on rencontre qu'il faut apprécier la population, que par l'étendue et la quantité des villages et des plantations. Or, ces villages et les cantons cultivés sont rares aux Hébrides, si nous en jugeons du moins par ce que nous avons pu voir en suivant le rivage, et nous avons des raisons pour supposer que l'intérieur n'est ni plus peuplé ni mieux cultivé. Tous les peuples, en effet, sont avides de sel, et il n'y a aux Hébrides ni salines ni dépôts de sel gemme ; bien souvent nous avons vu les indigènes tremper dans l'eau de mer leurs fruits ou leurs légumes ; pourquoi se condamneraient-ils à vivre dans l'intérieur des terres, privés d'un condiment qui leur est indispensable, ou s'imposeraient-ils l'obligation de venir journellement de loin s'approvisionner d'eau de mer au moyen de leurs longs, épais et incommodes bambous, quand la presque totalité du rivage est déserte et qu'il n'y manque ni terrains favorables à la culture, ni emplacements faciles à fortifier? Il est probable qu'à l'heure actuelle, comme au temps de Cook, l'intérieur des îles est moins peuplé que les côtes, et nous ne croyons pas être au-dessous de la vérité en évaluant à 30,000 ou 35,000 habitants la population totale des Nouvelles-Hébrides. Dans ce chiffre, la terre du Saint-Esprit compte environ pour 7,000 habitants ; Sandwich, Mallicolo, Ambrym, chacune environ pour 4,000 ou 5,000 ; Tanna, Aurora, Api, chacune pour 2,000 à 3,000 ; Anatom, Erromango, île de la Pentecôte, etc., etc., pour 1,500 ou 2,000 habitants environ. Ces chiffres, quelque approximatifs qu'ils soient, ne manquent pas d'intérêt, aujourd'hui que l'attention semble se porter sur cette partie de la Malaisie, soit qu'il s'agisse d'une prise de possession violente, soit qu'on la considère comme une réserve de travailleurs pour les cultures intertropicales.

Suivant d'autres calculs, que nous tenons des missionnaires et des colons, la population a été évaluée à 27,000.

D'après M. Élisée Reclus, la population serait de 63,750 habitants.

M. Higginson considère ces chiffres comme beaucoup trop faibles, et l'estime à 80 ou 90,000.

Ce qui est certain, c'est que la race diminue à vue d'œil : parmi les émigrants, les deux tiers seulement rentrent dans leur pays ; les autres succombent, victimes du changement d'hygiène et d'habitudes[1] ; dans presque toutes les îles, le nombre des femmes est très inférieur à celui des

1. On les oblige à aller au travail le matin, tandis que, chez eux, ils ne sortent de leurs cases que quand le soleil a séché la rosée ; on les oblige à se vêtir, et, quand il pleut, ils gardent leurs vêtements mouillés : de là les bronchites, les fluxions de poitrine, la phthisie.

hommes, les décès dépassent de beaucoup les naissances, on ne rencontre presque pas de vieillards, les enfants sont rachitiques, ceux qui meurent avant dix ans sont, en général, enlevés par la diarrhée. Les affections cutanées et scrofuleuses, les maladies des yeux, les ulcères des membres inférieurs sont fréquents ; les maladies vénériennes sont rares et sans gravité. Les causes de décès les plus habituelles sont la phthisie, la dysenterie et les fièvres intermittentes.

II.

Histoire. — Les Européens aux Nouvelles-Hébrides : Navigateurs, Sandaliers, Missionnaires, Traitants.

Le premier navigateur qui ait révélé l'existence de ces îles fut l'Espagnol Mendaña, l'explorateur des îles Salomon. Il essaya de fonder un établissement à Santa-Cruz, et y périt en 1596.

Son lieutenant Queiros découvrit l'île de Saint-Esprit en 1606 ; il y débarqua en compagnie de Luiz de Torrès, le même qui donna plus tard son nom au détroit par lequel il revint en Europe.

Ces deux marins prirent Saint-Esprit pour le continent austral qu'ils cherchaient, et la nommèrent *Terra Australia del Spiritu Santo.* Ils appelèrent son port *Vera-Cruz,* et la baie où ils mouillèrent baie de Saint-Philippe et Saint-Jacques. Queiros tenta d'y fonder une ville sous le nom de *Nouvelle-Jérusalem,* mais il ne fut guère plus heureux que Mendaña : la famine, et des querelles sanglantes avec les indigènes, le forcèrent à se rembarquer pour l'Amérique.

Pendant plus d'un siècle et demi, Mendaña, Queiros et Torrès ne trouvèrent pas d'héritiers ; ce fut seulement en 1767 que l'Anglais Philippe Carteret retrouva les îles Santa-Cruz, à qui il voulut donner le nom d'*îles de la Reine Charlotte.* L'année suivante, Bougainville reconnut que le continent découvert par Queiros n'était autre qu'une grande île faisant partie d'un groupe : il visita et nomma les îles *Pentecôte, Aurore* et des *Lépreux,* et les appela les *Grandes-Cyclades ;* mais il dut bientôt, lui aussi, quitter l'archipel, à la suite d'une collision avec les indigènes. En 1774, le grand explorateur du Pacifique, Cook, compléta la reconnaissance du groupe, et lui donna le nom de Nouvelles-Hébrides, qui lui est resté [1].

1. « Les Nouvelles-Hébrides, que Bougainville avait appelées

Dès lors, les explorations se succèdent rapidement, et la géographie des Nouvelles-Hébrides se fixe de plus en plus. Il suffit de rappeler les noms de Lapérouse, qui vint terminer sur les récifs d'une des îles de l'archipel Santa-Cruz, Vanikoro, sa glorieuse et trop courte carrière ; de Bligh, qui explora en 1789 le groupe de Banks ; d'Entrecasteaux, envoyé à la recherche de Lapérouse, et qui, en 1793, aperçut, sans se douter qu'il touchait au but de son expédition, l'île où dormaient encore les débris de l'*Astrolabe* et de la *Zélée* ; de Dillon, qui recueillit les premiers renseignements sur le naufrage de Lapérouse, et de

---

les Grandes-Cyclades, furent débaptisées par Cook, dans un sentiment de jalousie fort mesquin. Cette jalousie, qui fait tache dans la carrière d'un pareil homme, a été qualifiée d'ignoble par le grand géographe Malte-Brun, Danois de naissance, comme on sait. L'épithète peut paraître un peu dure, mais il est certain que Cook céda trop souvent à cette triste passion. J'ignore s'il était à sa connaissance que les Nouvelles-Cyclades de Bougainville n'étaient autres que les *grandes terres australes* de Queiros. En tout cas, il ne pouvait s'attribuer l'honneur, soit de les avoir le premier découvertes, soit de leur avoir assigné un caractère insulaire. Quand il changeait, dans les régions autrales, le nom de la *terre de Kerguelen* et celui de l'*île de la Roche* (ou *terre de Saint-Pierre*), il savait assurément que l'une et l'autre avaient été découvertes par des navigateurs français, la première sept ans, et la seconde un siècle avant son propre voyage. » (Frout de Fontpertuis, *Journal des Économistes. Les Anglais et les Américains dans le Pacifique du Sud* (janvier 1877).

Dumont d'Urville, qui retrouva le théâtre de la catastrophe et qui en rapporta les nombreuses reliques déposées aujourd'hui au Musée de Marine.

C'est vers 1840 que commença aux Nouvelles-Hébrides l'exploitation du bois de sandal. Le capitaine James Paddon, mort en 1860 à l'île Nou, expédia alors de l'île Erromango plus de 60,000 tonneaux de ce bois précieux; il y employa jusqu'à vingt navires. Ces bâtiments portaient d'abord le sandal, le coprah et le trépan à la Nouvelle-Calédonie, en dépôt, puis, de là, à Sydney ou en Chine. Son exemple fut suivi, et pas toujours avec beaucoup de discernement, si bien qu'aujourd'hui le sandal est épuisé, du moins près des côtes, comme aux Sandwich, aux Marquises, etc.

En 1839, la Société des Missions de Londres envoya quelques missionnaires Indiens des Samoa aux Hébrides pour catéchiser les sauvages; ils s'établirent à Anatom et à Tanna en même temps qu'aux Loyalty. William et Harriss, de la mission des Samoa, en débarquant à Erromango en 1839, furent massacrés sur la plage. Cependant les autres missionnaires n'en continuèrent pas moins leurs travaux ; il y en a maintenant à Anatom, Futuna, Aniwa, Tanna, Erromango, Vaté, Montagu et Saint-Esprit. A Anatom seulement, toute la population est convertie et les écoles reçoivent un grand nombre d'enfants ; partout ailleurs, les résultats sont très médiocres. Rien n'indique, d'ailleurs, que ces nouveaux chrétiens comprennent mieux les devoirs de la vie et conçoivent un autre idéal que leurs compatriotes non convertis : un pagne autour des reins, voilà peut-être la seule innovation qu'ait amenée le protestantisme.

Des missionnaires catholiques avaient essayé, il y a une trentaine d'années, de s'installer aux Hébrides ; jusqu'ici ils en avaient toujours été repoussés soit par le climat, soit par les naturels ; ils s'y sont établis de nouveau il y a dix-huit mois, et un nouveau contingent vient d'arriver tout récemment.

Il faut bien avouer que les Néo-Hébridais n'ont pas toujours eu à se louer du contact de la civilisation, et il n'est pas étonnant qu'ils se méfient des Européens. Les violences de certains sandaliers se sont compliquées plus tard du vol d'hommes : en 1863, le besoin de travailleurs dans le Queensland (Australie) et aux Fidji, donna l'idée d'engager des Néo-Hébridais ; or ce recrutement donna lieu à des abus qui motivèrent une enquête de l'administration de la Nouvelle-Calédonie. En 1867, le navire de guerre anglais *Esk* ayant rapporté la nouvelle de la perte de plusieurs bâtiments et de nombreux assassinats, on découvrit que, sur 382 Indiens débarqués à Queensland (la plupart avec des engagements de trois ans), 78 seulement étaient revenus. Au mois de février suivant, une pétition, signée par huit missionnaires des Hébrides, fut adressée au gouvernement de Queensland pour dénoncer la traite et déclarer que la plupart de ces malheureux avaient été enlevés de vive force. Cet incident fut l'occasion du *Polynesian labourers act*, émis par les législateurs de Queensland en mars 1868, afin de surveiller les engagements des travailleurs, leur entretien convenable et leur rapatriement à la fin de leur contrat ; mais cette loi fut très mal appliquée, et la traite continua de plus belle.

Le recrutement, dit M. Pigeonneau, a donné lieu, de la part de la presse européenne, à des réclamations qui ne sont pas sans fondement. On a raconté que bien souvent les prétendus enrôlés avaient été enlevés par les traitants européens ou vendus par les chefs pour un ou deux fusils; on a objecté que les contrats signés par les engagés étaient illusoires. Sauf à Anatom, où l'anglais est assez répandu, les indigènes ignorent complètement les langues européennes; à peine quelques chefs à Tanna sont-ils capables de prononcer quinze ou vingt mots anglais: le contrat rédigé en anglais ou en français est donc lettre close pour celui qui l'accepte. Les prétendues traductions en langue indigène ne sont guère plus intelligibles; le groupe entier compte plus de vingt-cinq langues, et, à Tanna seulement, il y a six dialectes dont aucun n'a de mots pour exprimer l'idée *d'année* ou celle de *salaire*, c'est-à-dire les termes essentiels de l'engagement. Enfin quand l'indigène revient après quelques années d'absence avec les maigres économies qu'il a pu faire sur un salaire des plus modiques, il ne retrouve d'ordinaire ni sa femme, ni ses poules, ni même sa maison: bienheureux quand ses plantations n'ont pas disparu avec le reste. C'est là peut-être ce qui explique le ralentissement du mouvement d'émigration, autant et plus que la surveillance exercée sur les enrôlements par les navires de guerre anglais ou français.

Nous retrouverons plus loin cette question de l'émigration, et nous verrons les vicissitudes qu'elle a subies.

CHAPITRE IV

LES NOUVELLES-HÉBRIDES ET LA NOUVELLE-CALÉDONIE. — COLONISATION FRANÇAISE : LA COMPAGNIE CALÉDONIENNE (1882-1887). — L'IMMIGRATION.

I.

Pétition des colons demandant le protectorat français.

Depuis une quinzaine d'années, un mouvement d'opinion très vif s'est développé en Nouvelle-Calédonie en faveur de l'annexion des Nouvelles-Hébrides. Il convient d'observer d'abord que les Anglais qui habitent notre colonie s'associent aux Français pour réclamer cette solution ; et ce sont les colons anglais des Nouvelles-Hébrides (nous disons, bien entendu, les négociants, non les missionnaires), qui, les premiers, ont demandé la protection officielle de la France. Voici, en effet, le texte d'une adresse qui fut envoyée par les résidents anglais de Tanna au gouverneur de la Nouvelle-Calédonie en février 1875 :

Les soussignés, résidents et autres intéressés de l'île

de Tanna (Nouvelles-Hébrides), ainsi que plusieurs des principaux chefs, supplient V. E. de prende ladite île de Tanna sous la protection du pavillon français en l'annexant à la Nouvelle-Calédonie.

L'île de Tanna est une des plus riches des mers du sud, et se prête parfaitement à la culture de la canne à sucre, qui est indigène et qui y pousse avec une grande vigueur. Mais toute espèce de gouvernement faisant défaut, personne ne se sent disposé à risquer les grands capitaux que réclame la culture de la canne à sucre.

Le gouvernement pourrait frapper d'un droit l'extraction du soufre, qui y existe en grande quantité, et se faire ainsi un revenu considérable.

Les naturels sont divisés en un si grand nombre de petites tribus, toujours en guerre les unes avec les autres, qu'ils accepteraient avec plaisir toute intervention étrangère qui rétablirait la paix.

Nous avons confiance que V. E. voudra bien prendre notre demande en considération, et, dans l'espoir que nos vœux seront exaucés, nous nous disons,

De V. E., les très humbles serviteurs.

Signé : H. Ross Lewih,
R. Sodeh,
John Neale,
W. Sedna,
Marshal Slea,
J. R. Lewy,
Ges Phipps,
A. M. Milleh,
Frédérick Mack.

A la fin de la même année, les pétitionnaires durent quitter l'île à cause de la turbulence et de l'hostilité des indigènes, dont les continuelles disputes rendaient toute entreprise impossible et empêchaient le soufre d'arriver jusqu'à la plage.

L'année suivante, ce furent les colons de Vaté qui sollicitèrent à leur tour notre protection :

Vaté, Port Havannah, mai 1876.

A Son Exc. le Gouverneur de la Nouvelle-Calédonie.

Les planteurs et résidents de Vaté vous présentent avec le plus grand respect la requête suivante :

Considérant la position géographique de cette île par rapport à la Nouvelle-Calédonie et aux autres îles dont vous êtes le Gouverneur ;

Considérant que depuis bientôt 8 ans des relations commerciales existent entre les deux colonies par des bâtiments de commerce, relations qui vont croissant chaque année ;

Considérant en outre qu'aucune puissance n'a pris cette colonie naissante sous sa protection ;

Nous venons demander avec instance au représentant de la France de placer cette île sous le protectorat de cette nation.

Beaucoup d'entre nous résident dans cette île depuis 5 ou 6 ans, et ont toujours vécu en paix avec les indigènes. Nous pouvons affirmer que vous n'aurez pas besoin d'un personnel nombreux pour nous gouverner.

Ce que les colons demandent surtout, ce sont les moyens réguliers de se procurer les bras nécessaires, soit pour la culture, soit pour la pêche, une surveillance convenable sur les engagés et sur les engagistes, et les privilèges ordinaires d'un commerce intercolonial.

Ainsi tous les colons, les Anglais aussi bien que les Français, manifestaient hautement le désir de voir le gouvernement français prendre possession des Nouvelles-Hébrides.

Ces démarches ne furent pas du goût de l'Angleterre, et surtout de l'Australie.

En 1881, une circulaire du gouverneur des Fidji donna avis aux colons établis dans les îles indépendantes de l'Océanie qu'ils eussent à faire enregistrer leurs titres de propriété en Australie et aux Fidji, s'ils voulaient que ces titres fussent, par la suite, reconnus et respectés. En même temps, une autre circulaire établissait que tout gouverneur des colonies australiennes ou des Fidji était autorisé à délivrer des permissions spéciales pour le recrutement dans ces îles des travailleurs indigènes, et que, à cet effet, le gouverneur des Fidji était nommé Haut Commissaire par le gouvernement de la Reine. Dès lors, un navire anglais stationna dans les eaux de l'archipel pour rendre ces dispositions effectives ;

les officiers anglais intervinrent dans toutes les transactions, assurèrent le respect des contrats entre leurs nationaux et les indigènes. Si cet état de choses s'était prolongé, les Nouvelles-Hébrides fussent devenues à bref délai la propriété de nos rivaux.

Mais ils avaient compté sans l'esprit d'initiative de l'un de nos colons, M. Higginson.

II.

La Compagnie Calédonienne (1882-1886).

C'est à partir de 1871 que la question prit corps et commença à passionner les esprits en Nouvelle-Calédonie. Cette année-là même, un négociant de Nouméa, Australien d'origine irlandaise, M. Higginson[1] réunit les colons de Nouméa et mit

1. M. Higginson arriva à Nouméa en 1859 ; il n'avait pas encore vingt ans. Depuis cette époque, il a joué un rôle fort important

l'affaire en train. En 1876, il reçut ses lettres de grande naturalisation pour services rendus à la France. En 1878, il vint à Paris en qualité de commissaire de la Nouvelle-Calédonie à l'Exposition Universelle, et commença d'actives démarches auprès des pouvoirs publics. Enfin il conçut le dessein de fonder aux Nouvelles-Hébrides un vaste établissement commercial, et le constitua définitivement en 1882 sous le nom de *Compagnie Calédonienne des Nouvelles-Hébrides*. Les statuts de cette Société sont signés de MM. Higginson, Dezarnaulds, Casadebaig, A. Pelletier, A. Rolland, Puech et Gratien Brun.

La nouvelle Société se proposait trois buts : 1° chercher à acquérir les terrains situés près des ports et des cours d'eau et indiqués comme les centres de population futurs, et particulièrement les propriétés anglaises, afin que les Anglais ne pussent pas se proclamer un jour les maîtres de l'archipel ; 2° obtenir, pour le travail des mines,

---

et est devenu la personnalité la plus en vue de la Nouvelle-Calédonie. Il a participé activement à toutes les affaires, ayant en mains tous les contrats et traités du gouvernement, possédant des entrepôts sur tous les points de la côte, lançant des steamers, intéressé dans les plantations de sucre et de café, dans les fermes et les stations, et dans les entreprises minières de toutes sortes, or, cuivre, nickel, antimoine.

le rétablissement de l'immigration néo-hébridaise, qui venait d'être suspendue provisoirement le 30 juin 1882 afin de donner de l'ouvrage aux libérés; 3° pousser le gouvernement français à l'annexion en assurant la prépondérance de nos nationaux.

Elle se substitua en effet aux colons anglais déjà établis, leur acheta leurs titres, conclut avec les chefs de tribus, pour l'acquisition de nouveaux territoires, des transactions qui furent sanctionnées par les officiers des bâtiments de guerre français, acquit tous les points destinés à prendre une certaine importance, ports, mouillages, centres de cultures, etc.

Quand les Anglais, battus avec leurs propres armes, essayèrent de reconquérir leur prépondérance en faisant de nouvelles acquisitions, il était trop tard.

M. Higginson a lui-même exposé ses projets dans une lettre adressée au ministre des affaires étrangères[1]. Après avoir rappelé la circulaire du gouverneur des Fidji et la nomination de cet agent comme Haut Commissaire de la Reine :

Je reconnus là, dit-il, les manœuvres familières à

1. Le 8 juin 1885.

l'Angleterre, dont la politique consiste à mettre l'initiative individuelle de ses nationaux au service de son ambition. Elle les lance sur tous les points encore inoccupés du globe, les laisse s'y établir, les encourage, les soutient : les missionnaires anglicans surviennent et font le reste. Au fur et à mesure que la possession d'un de ces points lui paraît utile à ses intérêts, l'Angleterre s'en empare ; si une autre puissance la devance, elle lui conteste la légitimité de sa prise de possession et, pour cela, elle a un prétexte tout trouvé : le fait de l'établissement de quelques Anglais sur le point en litige sert tout naturellement de base à ses revendications.

Telle était la politique que je craignais de voir triompher aux Nouvelles-Hébrides.

Déjà les quelques colons anglais qui s'y étaient établis avaient fait enregistrer en Australie leurs titres de propriété, régularisés au préalable par les commandants de navires de guerre anglais.

Si nous continuions à rester les bras croisés, ces premiers occupants feraient la tache d'huile ; ils appelleraient des compatriotes, multiplieraient leurs acquisitions de terres, et un moment viendrait où les Nouvelles-Hébrides deviendraient forcément terre anglaise, puisque les Anglais en posséderaient exclusivement le sol.

Le danger que courait la Nouvelle-Calédonie me parut imminent. Sans les Nouvelles-Hébrides, notre colonie amoindrie perdait la plus grande partie de sa valeur ; car, de la possession de cet archipel, qui est son complément nécessaire, dépendent entièrement son importance et son avenir.

C'est alors que j'ai réuni les principaux colons du

pays et que, pour sauver les Nouvelles-Hébrides qui allaient être perdues pour nous, nous avons, en 1882, fondé en Nouvelle-Calédonie, par la réunion des colons calédoniens, une société d'intérêts essentiellement français, dite Compagnie Calédonienne des Nouvelles-Hébrides.

Notre but était de faire en grand ce que les Anglais n'avaient fait qu'en petit jusque-là : d'acheter des terres dans la même forme qu'eux, — d'encourager nos compatriotes français à venir s'établir à nos côtés ou chez nous, — de créer des comptoirs de commerce et des communications régulières entre la Nouvelle-Calédonie et les diverses îles de l'archipel, — d'évincer surtout les nombreuses goëlettes anglaises qui ne cessent de recruter, pour l'Australie ou les Fidji, toute la population de ces îles, — de rétablir le courant d'immigration canaque, sans lequel la Nouvelle-Calédonie est condamnée à une impuissance absolue, — d'imiter, en un mot, la politique des Anglais et d'arriver, par des acquisitions successives de territoires, à mettre aux mains de Français, et par conséquent de la France, la propriété de l'archipel tout entier.

A la fin de 1882, la Société avait déjà acquis environ 150,000 hectares de terres appartenant aux Anglais et près de 200,000 hectares appartenant aux Canaques.

En même temps, d'autres Français achetaient l'îlot Nemuka, au sud de l'île Api, et onze enclaves dans les ports Vila et Havannah à Vaté, et dans le port Sandwich à Mallicolo.

Sur certains points, les colons anglais alléguèrent des droits de propriété antérieurs ; le missionnaire Paton cria bien haut qu'on le volait. Sur d'autres points, obligés de reconnaître la validité de nos contrats, ils eurent tout simplement recours à la violence : par exemple, en juillet 1883, à Port-Vila et à Port-Havannah. De tels faits, rapprochés de l'aventure du capitaine Medlycott à Raïatea [1], jettent une fâcheuse lumière sur les mœurs politiques de certains agents britanniques trop zélés.

Cependant, la Compagnie n'en poursuivait pas moins ses travaux : elle envoyait de Nouméa à Vaté des colons et des ouvriers de divers métiers se rattachant à la construction. Dès le mois de janvier 1883, on signalait l'arrivée à Nouméa de deux goëlettes chargées de maïs et de coprah, l'*Énergie* et la *Calédonie*.

Dans le courant de 1883-1884, elle exporta 150,000 fr. de coprah, de maïs et de café. La station d'Anatom, à elle seule, comprenait 95,000 caféiers, 60 hectares de maïs et d'autres cultures.

---

1. V. *Politique française en Océanie*, etc.

La Compagnie y fit construire un magasin de 50 mètres de long, et commencer une route de 30 kilomètres de développement, pour relier Port-Vila à Port-Havannah.

Dans les derniers jours d'octobre 1884, le Parlement australien de la Nouvelle-Zélande fut saisi d'une proposition de garantir les intérêts d'un capital de 25 millions destinés à l'exploitation commerciale des Hébrides par une société anglo-australienne. Dès que cette nouvelle parvint à Nouméa, M. Higginson s'embarqua avec des négociants, des marins et un capitaine d'infanterie de marine sur un vapeur, le *Néoblie*, affrété à la hâte, et arriva trente-six heures après à Port-Havannah. Il y fonda un comptoir, et passa un traité d'amitié avec les trois principaux chefs de l'île.

Depuis cinq ans, la Compagnie Calédonienne n'a pas cessé de s'étendre et de progresser : ses agents ont continué d'acquérir toutes les terres disponibles, soit des Anglais, soit des indigènes ; ils ont même acheté un comptoir allemand, sur lequel flotte aujourd'hui notre drapeau.

Il s'agit maintenant d'envoyer des colons dans

l'archipel. M. Higginson s'est mis en rapport avec la *Société française de colonisation,* qui a expédié à l'île Sandwich un agent, un médecin et une centaine d'émigrants possédant chacun de 1,000 à 2,000 fr. Il a donné à chacun d'eux un lot de 20 ou 25 hectares. Ces émigrants ont créé des exploitations agricoles et formé une sorte de conseil communal sous la direction de l'agent de la Société[1].

Pour donner à l'influence française un nouvel élément de succès, des missionnaires catholiques ont été envoyés récemment sur divers points où jusqu'ici les missionnaires protestants avaient régné sans conteste. Les nôtres auront affaire à forte partie, car les missions anglaises disposent de ressources immenses, qu'elles augmentent continuellement par leurs opérations commerciales : elles ont leurs bateaux, leurs domaines, leurs magasins, leur budget, et, par-dessus tout, l'appui de leur gouvernement. Les missionnaires anglicans sont de véritables agents politiques. Mais nos missionnaires trouveront dans la Société des Hébrides un appui considérable.

1. Voir, dans le *Bulletin de la Société française de colonisation* (compte rendu de la séance du 3 avril 1887), le rapport de M. Louis Henrique, secrétaire général. Voir aussi, à l'*Appendice*, des extraits du rapport de l'agent de la Société aux Hébrides.

Le 18 novembre 1886, la Société a créé un courrier mensuel à vapeur entre Nouméa, les Loyalty et les Nouvelles-Hébrides. C'est là un pas considérable : c'est le moyen de concentrer à Nouméa tout le transit et le commerce de l'archipel.

Ainsi, malgré les efforts de nos rivaux, la Compagnie Calédonienne a assuré la prédominance de la France aux Nouvelles-Hébrides ; elle possède actuellement 700,000 hectares, les ports principaux, quatre fermes en plein rapport, six stations commerciales.

En un mot, l'élément français a absorbé l'élément anglais, à l'exception des missions anglicanes, qui poursuivent leur propagande.

Telle a été, en cinq ans, l'œuvre de la Compagnie Calédonienne.

III.

L'immigration néo-hébridaise.

Nous avons vu que la Compagnie se proposait également de rétablir le courant de l'immigration des travailleurs néo-hébridais en Nouvelle-Calédonie.

Nos colons considéraient l'interdiction de ce recrutement comme une erreur; dans leur opinion, le travail des immigrants néo-hébridais ne pouvait faire tort à celui des libérés ou des condamnés: car le travail spécial des hommes de couleur, cueillette du café, culture du riz, par exemple, ne peut rémunérer les libérés. Ils alléguaient que, si la main-d'œuvre des noirs faisait défaut, en ce moment de transition où il n'y a encore ni femmes ni enfants en nombre suffisant, ces cultures ne tarderaient pas à péricliter. Quant à la main-d'œuvre autochtone, il est vrai qu'on ne peut rien attendre des Néo-Calédoniens; on peut en tirer parti pour les routes muletières, mais en les engageant à forfait, ce qui leur laisse la faculté de travailler à leur heure. Tout travail réglé est en horreur à cette race guerrière ; il n'y a pas d'entreprise de culture ou d'industrie qui puisse compter sur ce concours fantasque et irrégulier. D'ailleurs, le Canaque ne travaille jamais dans son propre pays, où il n'a pas de besoins.

L'immigration, qui avait été interdite le 30 juin 1882, fut autorisée de nouveau le 25 novembre 1883, aux conditions suivantes :

1° Le choix du commissaire du gouvernement serait fait avec le plus grand soin, de manière à offrir toutes les garanties désirables de probité, de fermeté et d'indépendance.

2° Les capitaines devaient être de nationalité française, et devaient indiquer approximativement l'itinéraire qu'ils se proposaient de suivre.

3° Un interprète, agréé par le bureau d'immigration, serait attaché à chaque navire, et servirait d'auxiliaire au commissaire.

4° Il serait réservé une tonne un quart par immigrant pour les navires au-dessous de cinquante tonneaux, une tonne un dixième pour les navires de cinquante à soixante-quinze tonneaux, et une tonne pour les navires de soixante-quinze à cent tonneaux.

5° Afin d'éviter toute méprise lors du rapatriement, il était recommandé d'indiquer le mieux possible l'endroit où l'immigrant avait été enrôlé.

6° Il ne serait employé qu'une seule embarcation au recrutement.

7° Le bateau recruteur ne devait subir aucune modification pendant son voyage, ni intérieure, ni surtout extérieure, comme, par exemple, un coup de peinture.

8° Le recruteur devait savoir parler français et être agréé par l'administration.

9° Lorsque le commissaire ne pouvait pas aller dans l'embarcation de recrutement, il devait s'assurer, dès l'arrivée de chaque immigrant, que son enrôlement avait été opéré en toute liberté.

Ces dispositions salutaires assuraient la probité et la régularité des transactions. Une des principales maisons de commerce de Nouméa conclut un marché avec M. Peterson Stuart, un des marins les plus connus et les plus estimés aux Hébrides, pour le recrutement des travailleurs : il acheta en Australie un navire remplissant toutes les conditions pour cette entreprise [1].

Mais nous avions à compter avec la concurrence des colons anglais : il devint bientôt très difficile de se procurer des travailleurs. En 1885, la goëlette *Marie* parcourut inutilement tout l'archipel, et dut relever pour les Salomon. Les missionnaires anglicans, véritables courtiers d'engagement pour Queensland et les Fidji, répandaient des brochures contre nous dans toutes les îles.

Il faut dire aussi qu'à Nouméa les objets de pacotille sont plus chers ; qu'il n'y a point de loi sur l'ivresse et que les débits de boissons restent ouverts le dimanche : de sorte que les immigrants y dépensaient beaucoup plus qu'à Queensland et aux Fidji, et en rapportaient beaucoup moins.

L'administration française, trouvant que le re-

1. Les Canaques étaient loués pour trois ans, à raison de 300 à 400 fr. par tête, payés à l'agence de recrutement. Leur salaire était de 12 fr. par mois, avec la nourriture.

crutement offrait plus d'inconvénients que d'avantages, revint alors à sa première idée, et supprima de nouveau l'immigration en 1885.

Aujourd'hui, la plupart des travailleurs employés par les colons australiens sont des Néo-Hébridais; on dit qu'un cinquième environ de la population de l'archipel est disséminé sur les plantations britanniques.

CHAPITRE V

QUESTION DES LIBÉRÉS ET DES RÉCIDIVISTES.

I.

Le désir de faire renaître le mouvement de l'immigration n'était ni le seul ni le principal motif qui poussait la Nouvelle-Calédonie à demander l'annexion des Nouvelles-Hébrides : c'était aussi le nombre croissant des libérés dont elle ne sait plus que faire, et, à plus forte raison, la crainte de voir arriver, un jour ou l'autre, des convois de récidivistes.

Aux termes de l'article 6 de la loi des 30 mai-1er juin 1854, *tout individu condamné à moins de 8 ans de travaux forcés est tenu, à l'expiration de sa peine, de résider dans la colonie pendant un temps égal à la durée de sa condamnation ; si la peine est de 8 années, il est tenu d'y résider toute sa vie.*

Il résulte de ces dispositions que les condamnés et les libérés sont également obligés, quoique dans des conditions différentes, de concourir à la colonisation, les uns par le travail forcé, les autres par le travail libre.

La Nouvelle-Calédonie fut désignée comme lieu de transportation par le décret du 2 septembre 1863 : sa position, son climat, les richesses de son sol, présentaient les conditions générales d'une bonne colonisation, et expliquaient le choix qu'on en avait fait pour la création d'établissements pénitentiaires.

Les résultats obtenus d'abord dans les diverses cultures, notamment dans celle de la canne à sucre, plus tard la découverte de minéraux précieux, justifièrent cette désignation ; mais, à cause de ces succès mêmes, on ne se préoccupa peut-être pas assez de cette idée, qu'il pourrait arriver un moment où, malgré le développement inévitable de la colonisation, les libérés pourraient manquer d'emploi.

On pensa sans doute que le nombre de ces derniers, très restreint dans les premières années (de 1865 à 1868, il n'en resta que 3 en moyenne par an), ne s'accroîtrait pas au point de devenir un embarras, sinon un danger, pour la sécurité publique ; mais ce nombre, si faible au début, ne cessa pas de croître d'année en année.

Le nombre des libérés astreints à la résidence fut : en 1871, de 275 ; 1872, de 437 ; 1873, de 632 ; 1874, de 884 ; 1875, de 1,089 ; 1877, de plus de 1,500 ; en 1882, de 2,800. Cette progression, qui se produit sous l'influence de causes permanentes, ira en augmentant encore pendant de nombreuses années ; or, la Nouvelle-Calédonie ne peut déjà plus leur assurer des moyens d'existence.

Avec une agriculture en pleine prospérité, une industrie minière florissante, cet effectif n'aurait rien eu d'inquiétant pour une population civile de 6,000 habitants : l'élément pénal, perdant de son importance sous la pression de la population d'origine libre dont l'influence morale aurait prévalu, n'aurait plus été un danger. Malheureusement, les faits n'ont pas répondu à ces espérances.

Jusque vers les derniers mois de l'année 1876, la situation des libérés ne laissa pas trop à désirer. Ils étaient alors tellement demandés, qu'ils trouvaient presque tous à s'engager à l'expiration de leur peine et étaient même retenus longtemps à l'avance ; mais quelques mois suffirent pour changer ce tableau, et dès 1877 l'inquiétude commença à se manifester : les ravages des récoltes par les invasions répétées des sauterelles vinrent décourager les propriétaires d'établissements agricoles et les empêchèrent d'employer autant de libérés que par le passé ; le commerce local, qui ne dispose en général que de capitaux assez restreints, n'ayant pu obtenir pendant quelque temps la faveur de recevoir des traites du Trésor, manqua des moyens de remise nécessaires pour solder, soit à l'étranger, soit en France, les objets d'approvisionnement qui lui étaient indispensables ; la banque, gênée elle-même pour des motifs de même nature et d'autres encore, ne put parer aux difficultés de la place : de là un grand malaise dans les affaires, et les libérés en éprouvèrent naturellement le contre-coup.

Il restait, il est vrai, la culture du café, du tabac et du ricin, que les sauterelles n'attaquent pas et que l'on cultivait déjà sur une assez grande échelle ; il restait aussi les mines de cuivre, que l'on exploitait avec ardeur et dont on est toujours sûr de trouver un emploi utile ; mais l'ensemble des affaires était paralysé, et le nombre des libérés n'en augmentait pas moins.

Une autre circonstance vint compliquer cette situation déjà embarrassée. Le nickel qui, en 1875, avait donné de si brillantes espérances, et dont la tonne était cotée sur place de 1,300 à 1,400 fr., était vainement offert deux ans plus tard, à Londres, en même quantité, à 225 fr. Le marché, qui recevait ce même minerai d'Allemagne, s'efforçait de déprécier celui de la Nouvelle-Calédonie, malheureusement annoncé à l'origine comme très abondant, afin d'en faire tomber la valeur. En France même, sur nos propres marchés, ce produit ne trouva pas d'acheteurs parce que la fonte ne pouvait en être opérée en quantité suffisante. Après le nickel, ce fut le cuivre qui subit des dépréciations successives. Le développement considérable que certains industriels avaient donné à leurs mines subit un temps d'arrêt ; non seulement on engagea moins d'ouvriers, mais on en congédia : un grand nombre de libérés furent renvoyés ainsi en juillet 1877 et dirigés sur Nouméa ; d'autres furent réintégrés à la ferme nord de l'île Nou, sur leur demande, ou parce qu'ils n'avaient pu trouver à se placer.

Il est vrai que le travail des mines a repris en ces dernières années ; mais cette industrie n'emploie qu'un nombre relativement restreint de bras. D'ailleurs, elle répond très imparfaitement à la pensée de moralisation qui doit inspirer notre système pénitentiaire : on ne peut attendre de ce genre de travail les effets bienfaisants qui résultent de la culture de la terre et de l'attachement à la propriété; si les libérés y sont largement rétribués, ils y prennent l'habitude de vivre au jour le jour; une pareille situation est aussi contraire à l'humanité qu'aux intérêts de l'État.

A l'heure qu'il est, il est devenu indispensable de se préoccuper des ressources que les libérés peuvent trouver dans l'Océanie. Si le développement du pays n'est point tel, que l'élément civil ordinaire l'emporte de beaucoup sur eux, leur influence morale, malgré tout, prévaudra. C'est pour conjurer ce danger que nos administrateurs et nos colons supplient le gouvernement, qui n'a choisi en 1863 la Nouvelle-Calédonie comme lieu de transportation qu'à titre d'essai, de chercher un lieu propre à déverser le trop-plein de la transportation[1]. La chambre de commerce de Nouméa

1. Les condamnés aux travaux forcés sont au nombre d'environ 8,000, et les forçats libérés au nombre de 3,000. Les femmes condamnées ne sont que 200. Les condamnés sont employés soit aux travaux publics, soit dans les pénitenciers agricoles. Ces établissements occupent 19,000 hectares, et on vient de leur en réserver 9,000 de plus, soit en tout 28,000 hectares. Ces 19,000 hectares sont exploités par 2,000 condamnés sous la direction d'agronomes et d'agents de culture envoyés de France. (Le principal de ces pénitenciers est celui de Bourail, qui comprend 800 condamnés.)

On a placé les libérés sans emploi à la presqu'île Ducos, dans les terrains abandonnés par les déportés.

Les condamnés impotents sont réunis à l'île des Pins dans les anciennes concessions des déportés.

Enfin, le pénitencier-dépôt, le centre des condamnés, est à

ne cesse de signaler « l'accroissement excessif de la population pénale libérée et la nécessité de trouver un déversoir pour ces hommes que l'agriculture pourra aider à moraliser, mais auxquels la colonie est dans l'impossibilité d'assurer des moyens d'existence ».

Aussi lorsque, en 1877, le gouvernement décida l'évacuation du pénitencier de Maroni et l'envoi à Nouméa de 1,000 forçats et de 750 libérés de la Guyane, cette nouvelle produisit-elle la plus vive émotion dans notre colonie océanienne.

Ce fut bien pis encore lorsque, la Chambre des députés ayant adopté le projet de loi relatif aux récidivistes, le gouvernement manifesta l'intention de les y expédier. M. Pallu de La Barrière, gouverneur, se fit l'interprète de la population

---

l'île Nou. Ils y sont au nombre de 3,000. Il y a des ateliers, des magasins, des fermes, des prisons, un superbe hôpital entouré de jardins anglais sur une plage verdoyante.

Les condamnés qui viennent travailler à Nouméa chaque jour sont envoyés de l'île Nou ou d'un camp de 800 hommes situé à Montravel, à 3 kilomètres de Nouméa. Tous les soirs, ces longues files de blouses blanches rentrent, sous la conduite des surveillants, dans leurs camps respectifs.

Les 8,000 forçats et les 3,000 forçats libérés constituent une agglomération telle qu'il faut veiller sans cesse à la sécurité des colons et ménager la colonisation libre, effrayée de cet envahissement du sol. Si l'on y ajoutait une population de 10,000 récidivistes annuellement, la Calédonie serait bien étroite pour les contenir.

entière en adressant au ministre le rapport suivant; nous le reproduisons intégralement, parce qu'il expose avec force l'opinion unanime des colons et les arguments d'ordres divers contre l'envoi des récidivistes à la Nouvelle-Calédonie ou aux Loyalty :

Nouméa, le 8 octobre 1883.

Monsieur le Ministre,

Par dépêche en date du 29 mai, n° 550, arrivée dans la colonie le 31 août dernier, vous m'entretenez de l'envoi en Nouvelle-Calédonie des récidivistes, conformément aux dispositions adoptées par la Chambre des députés dans ses séances des 21, 26, 28, 30 avril et 7 et 8 mai.

En vue de l'exécution prochaine de cette loi, vous m'invitez à vous faire parvenir dans le plus bref délai possible les propositions relatives aux mesures que, dans ma pensée, il conviendrait d'édicter en ce qui concerne les différents points énumérés dans l'article 20 de la loi.

La dépêche précitée m'informe, en outre, du régime qui serait imposé aux récidivistes à leur arrivée dans la colonie : ils doivent être mis en état de liberté et placés dans une situation qui ne sera pas sans analogie avec celle des libérés astreints à la résidence perpétuelle.

Par suite, mon attention est tout particulièrement appelée sur la question de la mise en concession; ces concessions seront données sur les îles Loyalty.

A leur arrivée, les récidivistes seraient embarqués à

l'île des Pins pour passer de là aux Loyalty, ou bien être employés, dans une proportion très restreinte, sur la grande terre ou sur les îles Maré, Ouvéa et Lifou, en tenant compte des réserves qu'il conviendrait d'affecter aux indigènes fixés sur ces trois derniers points.

Dès mon arrivée dans la colonie dont le département a bien voulu me confier le gouvernement, je me suis rendu compte que l'œuvre de la transportation, c'est-à-dire la réhabilitation des hommes repoussés de son sein par la société, ne pouvait être réalisée qu'au moyen du travail de la terre, au moyen de la concession, et de la concession donnée le plus longtemps possible avant le moment de la libération.

Le passage subit du bagne à la liberté est, en effet, fatal à beaucoup de transportés, et le libéré abuse jusqu'aux dernières limites de cette liberté dont il a été si longtemps privé. Mais si le condamné est, au moment de sa libération, attaché au sol, marié, sur le point de devenir propriétaire, s'il a ses habitudes de travail, il reste ce qu'il était pendant sa condamnation, et la colonie compte un colon de plus.

Aussi ai-je porté toutes les forces disponibles de la transportation sur les travaux de route, que je considère comme continuant la période d'épreuve qui doit précéder la mise en concession ; j'ai aussi donné une vive impulsion au service des concessions, et mes efforts ont été couronnés de succès, puisque le nombre total des concessionnaires des différents centres agricoles, qui, à mon arrivée, était de 518, est aujourd'hui de 601.

Des nouveaux centres sont délimités, de nouveaux concessionnaires seront bientôt installés, et nous entrerons ainsi, de plus en plus, dans l'esprit de la loi de 1854.

C'est là une entreprise à laquelle je me consacre entièrement, et j'aurais été heureux de contribuer par l'organisation du service de la délégation à cette œuvre de salut social que la Chambre vient de décider.

Mais avant tout, je dois au département l'exposé rigoureusement vrai des ressources que peut offrir la colonie pour l'application de la loi dont il s'agit.

Si la situation des récidivistes, en arrivant dans la colonie, eût été celle des condamnés aux travaux forcés, c'est-à-dire s'ils eussent été internés et astreints au travail, rien n'eût été plus facile. Ils auraient pu être employés à des travaux d'utilité publique et traités comme les condamnés aux travaux forcés.

Le moment où les convois de la transportation devront cesser d'être dirigés sur la Nouvelle-Calédonie aurait été rapproché d'autant, puisqu'il y a une relation directe entre la superficie des terres propres à recevoir des concessionnaires et la durée de ces envois ; mais voilà tout.

Au contraire, les récidivistes seront libres dès leur arrivée dans la colonie, et leur situation ne sera pas sans analogie avec celle des libérés astreints à la résidence perpétuelle. En réalité, ce sont donc des libérés aux besoins desquels l'administration pourvoira au début, mais qui devront bientôt trouver les moyens de vivre dans le travail, chez les particuliers ou dans la concession.

J'ai, à plusieurs reprises, entretenu le département de *cette question des libérés, qui est la question capitale en Nouvelle-Calédonie. Nous succombons sous son étreinte, parce que nous ne pouvons pas donner du travail à ces malheureux qui nous en réclament.*

« La loi, disent-ils, nous oblige à rester en Nouvelle-Calédonie : ce n'est que sous certaines conditions que nous pouvons passer à l'étranger, et le territoire français nous est interdit ; mais puisque vous nous gardez, assurez-nous du travail qui puisse nous faire vivre, ou bien alors nous sommes fatalement amenés à voler pour manger et à retourner au bagne d'où nous sortons. »

Nous n'avons pas encore trouvé la solution de ce dilemme terrible, auquel la venue des récidivistes ne fera que donner plus de force. Un certain nombre de libérés travaillent aux mines, d'autres travaillent chez les colons dans les différents établissements industriels de Nouméa, d'autres sont manœuvres, d'autres sont établis à leur compte ; mais une forte proportion est occupée d'une façon très irrégulière et vit aux dépens des bons travailleurs.

Telle est la situation, et il est impossible d'en employer davantage pour le moment : c'est là une main-d'œuvre d'un prix élevé, inconstante, que l'agriculture ne peut engager que dans des proportions très restreintes, et que les habitants répugnent à employer pour l'intérieur des habitations.

Il résulte de cette situation *qu'il n'y a pas de place dans la colonie pour le travail des récidivistes, qui incontestablement donneront une main-d'œuvre bien inférieure à celle des libérés, et que les habitants emploieront avec de bien plus grandes appréhensions.*

Un certain nombre de libérés, en effet, ont été frappés d'une seule condamnation, et souvent le crime a été commis dans un moment d'emportement, aussitôt regretté. Ces hommes, judicieusement séparés des mauvais sujets du bagne, peuvent être employés et chercher à racheter leur faute; mais que peut-on attendre des récidivistes pour qui le crime est une habitude, une manière d'être, une nécessité parfois?

Quels sont les colons qui voudront introduire chez eux, dans leur intérieur, ces hommes foncièrement mauvais, justement expulsés de la métropole pour leur incorrigibilité? Quelques ouvriers ayant des aptitudes spéciales pourront peut-être trouver à travailler, mais cela ne représentera jamais qu'une très infime proportion, et encore ce sera au détriment du travail que l'on donne aux libérés.

Au point de vue de l'emploi des récidivistes chez les habitants ou à leur propre compte, je ne vois donc aucune ressource dans la colonie.

Il me reste à traiter la question des concessions.

Lorsque, au mois d'avril, j'ai réuni la commission dont j'ai eu l'honneur de vous adresser le rapport, la question des terres dont l'administration peut encore disposer en Nouvelle-Calédonie et dans les dépendances a été étudiée, et l'on est arrivé à cette conclusion: *qu'il n'y a en Nouvelle-Calédonie que les terres nécessaires pour assurer les besoins de la transportation pendant six années.* On réserve en même temps la surface nécessaire pour l'installation de 4,000 concessionnaires libres, indispensables pour assurer le succès de la colonisation pénale.

C'est dire que *sur la grande terre il est impossible de mettre en concession un seul récidiviste,* à moins, comme je le disais plus haut, de rapprocher dans la même proportion la suppression des convois de transportés ou à moins de manquer à la parole donnée au nom de la loi aux bons travailleurs de la transportation.

Et je ne parle pas ici des inconvénients qui résulteraient du mélange des condamnés et des récidivistes, puisqu'en s'en tenant aux termes de la dépêche du 29 mai, ce ne serait que par exception que des concessionnaires seraient établis sur la grande terre et que la grande majorité des relégués devrait être envoyée aux Loyalty.

Mais là encore, Monsieur le Ministre, nous nous trouvons en présence d'une impossibilité matérielle absolue : les renseignements ci-après sur l'archipel des Loyalty, que je viens de visiter il y a quelques jours à peine, vous convaincront de la façon la plus complète.

Les îles Loyalty sont d'une conformation toute particulière qu'il est indispensable d'indiquer.

Ces îles présentent sur le rivage une zone plus ou moins étendue couverte de cocotiers, mais sans aucune culture; puis vient ce que les indigènes appellent la Soût.

Cette partie du territoire est formée de corail qui se projette en pyramides très inégales comme hauteur et comme volume.

Entre ces pyramides, entre ces blocs de corail, il y a des fissures profondes remplies d'un humus assez fertile, et c'est là que l'indigène prépare ses cultures.

Après la forêt vient un plateau, défendu, sur presque tout son pourtour, par des falaises à pic.

Ce plateau, ayant pour base un corail absolument uni et sans aucune fissure, n'est recouvert que de trois ou quatre centimètres de terre; il forme une vaste plaine sans arbres, sans autre végétation qu'une herbe dure, jusqu'à ce jour inutile, et que l'on va chercher à utiliser pour l'élevage du mouton.

Telle est la constitution des îles Loyalty.

Quant à leur superficie, elle est de 196,000 hectares environ, soit 115,000 hectares pour Lifou, 65,000 hectares pour Maré et 16,000 hectares pour Ouvéa.

Sur cette superficie totale, il existe 25,000 hectares de terres cultivables à Lifou, 15,000 à Maré et 5,000 à Ouvéa, soit un total de 45,000 hectares.

La population qui habite cet archipel est nombreuse, puisqu'elle s'élève à 16,000 habitants, et en outre elle est plus avancée que celle de la Nouvelle-Calédonie; cette population ne décroît point.

L'idée de propriété est surtout chez elle très enracinée, et pour le moindre lopin de terre, pour le moindre droit de pêche, il s'élève des difficultés qui ne se terminent que par des luttes sanglantes.

L'une des trois Loyalty, Maré, est surtout célèbre sous ce rapport, et il n'y a pas trois ans encore qu'un certain nombre de chefs furent, pour ces motifs, déportés à Poulo-Condore.

Il n'est pas douteux que l'un des principaux motifs de ces querelles fréquentes est le peu de superficie des terres cultivables que renferme l'archipel.

En divisant la superficie des terres à cultures par l'effectif de la population, on trouve qu'il existe 3 hectares au plus de bonnes terres par habitant; mais il faut encore tenir compte de la façon de cultiver des indigènes et de la nature des produits qu'ils recherchent.

La nourriture de l'indigène se compose d'ignames, de taros, de bananes, de cannes à sucre, c'est-à-dire de produits qui épuisent la terre et lui font exiger un repos indispensable, l'indigène n'ayant aucune notion de l'emploi des engrais. Il faut donc, avant de pouvoir faire une nouvelle récolte sur le même terrain, le laisser improductif pendant plusieurs années, et, en résumé, on peut dire *qu'il n'y a pas aux Loyalty un hectare de terrain utilisable par habitant.*

Afin de compléter cette notice, il faut dire qu'il pleut souvent aux Loyalty; mais *il n'y a pas d'eau,* et pour s'en procurer on se trouve dans l'obligation de creuser des puits dont la profondeur n'est pas inférieure à 50 mètres.

Voilà, Monsieur le Ministre, la vérité, toute la vérité, sur cet archipel des Loyalty, que, faute de renseignements précis, on a cru capable de recevoir plus de 20,000 concessionnaires. Ce qui est exact, c'est qu'*installer des concessionnaires européens sur ces terrains, c'est les condamner à la misère et obliger l'État à les assister indéfiniment.*

Si la question s'agitait, ce que j'ai peine à croire, d'expulser les indigènes et de les remplacer par des récidivistes, j'ai le devoir de faire connaître que la chose ne se passerait pas sans bruit.

On peut affirmer, en effet, qu'il n'y a pas un indigène qui ne trouverait des défenseurs passionnés parmi les Australiens et les Anglais; je cherche à extirper l'influence anglaise de ces îles par les écoles, par tous les moyens en mon pouvoir, mais je suis en présence d'une situation trentenaire : la France aurait de l'ennui si une pareille combinaison partait des Chambres. Je laisse de côté la contradiction, malheureusement trop flagrante, que toutes les nations trouveraient ici entre les principes que nous aimons à affirmer et notre conduite.

Par suite, Monsieur le Ministre, *je me trouve dans l'obligation* de conclure pour la mise en concession des récidivistes aux Loyalty comme je l'ai déjà fait pour leur emploi sur la grande terre, c'est-à-dire *de déclarer que les terres, tant en Nouvelle-Calédonie qu'aux îles Loyalty,* dont l'administration peut disposer, *ne permettent pas d'appliquer la loi sur la relégation conformément au vœu du législateur.*

En résumé, la Nouvelle-Calédonie est impuissante à donner du travail aux libérés des travaux forcés, dont le nombre augmente chaque jour; l'envoi des récidivistes ne pourra qu'augmenter le nombre de ces hommes non employés et qui resteront fatalement à la charge de l'administration, tout en constituant un véritable danger.

Quant aux terres, il n'en existe plus pour donner des concessions, et tout ce que l'on prélèverait sur ce qui existe ne pourrait que rendre impossible le succès de la colonisation pénale, ou rapprocher le moment où la métropole devra faire choix d'une autre possession pour l'internement des condamnés aux travaux forcés. Tels sont, Monsieur le Ministre, les renseignements qu'il m'a paru indispensable de vous adresser, afin de vous fixer complètement sur l'impossibilité matérielle qu'il y a à recevoir en Nouvelle-Calédonie des récidivistes dans les conditions de la loi votée par la Chambre des députés.

Si la métropole, suspendant les conditions de liberté de mouvements des récidivistes, persistait à les envoyer en Nouvelle-Calédonie, je ne vois plus qu'un seul moyen de sauver la colonie : ce serait d'interner ces hommes dans l'île des Pins ; mais alors il faudra les nourrir et les entourer d'un cordon de troupes : car autrement on sacrifierait, là encore, la population indigène si intéressante qui nous est attachée depuis longtemps.

La confusion qui a été faite entre la situation des transportés, obligés au travail, et celle des relégués, qui n'y sont pas astreints, est à mes yeux, Monsieur le Ministre, *la cause d'une erreur qui peut ruiner cette colonie,* surtout le fléau venant s'abattre sur elle au moment où elle est en plein état de formation.

Le Gouverneur,

(Signé) : PALLU.

En présence de ces déclarations et de ces faits, il nous paraît évident que le gouvernement ferait acte de bonne politique en prévoyant dès aujourd'hui le moment où la Nouvelle-Calédonie ne pourra plus garder ses libérés, comme il a fait déjà acte de bonne politique en choisissant un autre lieu de transportation pour les récidivistes.

II.

Cela dit, serait-il désirable de les pouvoir diriger sur les Nouvelles-Hébrides?

Le libéré est un condamné qui a fini sa peine; qui, par conséquent, doit être libre sous certaines conditions, gagner sa vie en travaillant, et qui n'a d'autre chance de se relever à ses propres yeux, de se régénérer, qu'en s'absorbant dans un milieu honnête, en y disparaissant en quelque sorte.

Mais le libéré est un homme qui a commis une faute grave, et qui, s'il n'était pas déjà complètement perverti au moment de son entrée au bagne, y est descendu fatalement au niveau commun, par la promiscuité avec les autres condamnés. Il n'y a pas à se faire d'illusions : la régénération par le bagne est une utopie; il n'y a pas de criminel, si mauvais le jour de son entrée au bagne, qui ne s'y démoralise encore plus.

Par cela même qu'il est condamné aux travaux forcés, il répugne au travail; d'ailleurs, les trois quarts du temps, c'est la paresse qui l'a conduit sur les bancs de la cour d'assises.

Dans quelle situation se trouve-t-il donc le jour de sa sortie? Son moral a encore baissé ; et il a pris l'habitude de recevoir la ration journalière, de compter sur les autres pour vivre.

Sont-ce là des conditions qui le disposeraient à lutter contre les mille difficultés de l'existence dans un pays nouveau, où tout est à créer ?

De plus, il sort du bagne sans argent : comment ferait-il pour se procurer les premiers outils, les semences, la nourriture, les travailleurs noirs? .

Mais là n'est pas l'objection la plus sérieuse. Si cet homme a des chances de se relever, ce n'est qu'en s'isolant : car partout où il rencontre d'anciens compagnons, il retrouve le bagne, et redevient l'esclave des plus mauvais.

Si l'on envoyait les libérés aux Nouvelles-Hébrides, ils s'y retrouveraient face à face avec les témoins de leur abjection ; et nous reconstituerions là ce que les Anglais ont détruit à Norfolk, où la réunion des seuls convicts avait engendré une démoralisation effroyable.

M. Jules Léveillé, professeur à la Faculté de Droit de Paris, disait dans le *Temps* du 28 septembre 1884 :

Ce qu'ont valu les libérés de la loi de 1854 ! Mais, sur ce point, la lumière est faite ; elle est faite par des documents indéniables et des témoignages écrasants. J'ai lu et relu les notices que publie le ministère de la marine sur l'état de nos colonies pénitentiaires. Chacune de ces notices révèle l'intensité du mal ; il n'est pas un gouverneur de la Calédonie ou de la Guyane qui n'ait signalé comme la question grave et pressante entre toutes la question des libérés. Les plaintes sont anciennes et constantes ; elles s'accentuent même, elles deviennent plus vives au fur et à mesure que les années se succèdent et que le nombre des libérés augmente par l'expiration des peines subies ; c'est qu'avec le nombre croissant des libérés grandissent et le scandale et le péril de la situation.

Les gouverneurs de la Calédonie et de la Guyane ne s'en sont pas tenus aux plaintes : ils ont agi. Et cependant ils n'avaient devant eux en Guyane que 1,200 forçats libérés ; ils n'en avaient en Calédonie que 2,000 ; quoiqu'ils n'aient encore en face d'eux que des contingents relativement faibles, ils ont estimé que l'heure était venue de prendre vis-à-vis de ces deux ou trois mille forçats libérés des mesures préventives, et ils les ont prises. Ces hauts fonctionnaires pourtant n'ont pas le cœur timide ; jusqu'à ces derniers temps ils étaient choisis parmi les officiers de la flotte ; mais ils ont précisément le coup d'œil du marin, qui devine à l'horizon la tempête ; et, plus irréprochables peut-être comme administrateurs que comme jurisconsultes, ils ont, de leur autorité privée, essayé de combler les lacunes de la loi de 1854 ; cette liberté illimitée, que le silence des textes laissait aux forçats libérés, ils ont osé par des arrêtés locaux la garrotter et l'amoindrir. Ils ne s'étaient pas concertés entre eux, car ils ont signé des arrêtés sensiblement différents ; mais, ayant le sentiment profond d'une crise prochaine, ils se sont rencontrés dans cette pensée et dans cette résolution qu'il fallait aviser... Et alors qu'ont-ils fait ? Ces hommes, qui ne sont pas des rêveurs, ont esquissé à grands traits, ils ont défini par avance ce que j'appellerai la charte nécessaire des colonies pénales ; ils en ont posé les bases rationnelles, et ils se sont attachés surtout à ces deux choses, qui sont en effet essentielles : fixer les nomades du crime et les pousser au travail.

Il fallait d'abord protéger la population honnête de Cayenne et de Nouméa contre les forçats libérés. Le gouverneur de la Guyane, se fondant sur les droits de haute police qui ne lui avaient pas encore été enlevés, interdit aux libérés le séjour de Cayenne. Le gouverneur de Calédonie va plus loin, parce qu'il a besoin d'aller plus loin ; il est aux prises avec un contingent plus nombreux de libérés, et surtout avec un contingent qui s'accroît plus vite, puisque depuis 1867 tous les forçats de race blanche sont dirigés sur Nouméa ; aussi ne se contente-t-il pas de l'interdiction de certains séjours : avec une audace d'interprétation toute militaire, il substitue à l'obligation de résidence, que la loi de 1854 n'avait qu'énoncée, la surveillance, telle que l'a réglée la dernière loi de 1874 ; le forçat, libéré en Calédonie, y sera rigoureusement interné en un point qu'il ne pourra quitter sans commettre le délit de rupture de ban. On voit que l'auteur de ce dernier arrêté va droit au but et qu'il a la poigne ferme ; il veut tenir les libérés sous sa main et il les plante en des lieux déterminés, où il les retrouvera plus tard, s'il a des comptes à leur demander....

Je n'examine pas si ces arrêtés étaient d'une correction parfaite ; je n'examine pas davantage s'ils étaient harmoniques entre eux ; je laisse délibérément de côté la question de droit ; mais me plaçant en dehors et au-dessus des arrêtés, je traite exclusivement une question de législation. Or, je le déclare, à mes yeux ces arrêtés prouvent, si irréguliers qu'ils soient peut-être, ils prouveront même d'autant mieux qu'ils auront été plus irréguliers et plus osés, ils prouvent, dis-je, cette vérité d'expérience qu'une colonie pénitentiaire ne peut supporter le contact des malfaiteurs en pleine liberté. Qu'on le veuille ou qu'on ne le veuille pas, il faut en venir au cantonnement des repris de justice, dès qu'ils sont un peu nombreux. Ce régime préventif du vagabondage et de la révolte, je puis dire que les gouverneurs des colonies pénitentiaires le réclament avec moi ; ils le réclament si bien et ils le croient si indispensable que, devançant l'œuvre du législateur, ils l'ont institué *per fas et nefas*. Cette initiative, si hardiment prise par les chefs de la Guyane et de la Calédonie, est significative, à moins qu'on ne vienne soutenir cette impertinence que nos amiraux ont eu peur de fantômes !

L'organisation du travail des forçats libérés était le second des problèmes qu'il fallait résoudre pour que nos stations pénitentiaires pussent vivre et prospérer. Ce second problème n'a pas été résolu encore, et je crois sincèrement qu'en l'état de nos lois il ne pouvait l'être.

Le libéré a presque toujours perdu la dignité et la virilité de l'homme libre. C'est que la répression n'affaiblit pas seulement les corps, elle déprime les âmes ; ce malfaiteur qui a eu autrefois l'énergie du mal, n'a plus que par éclairs l'énergie du bien ; les résolutions qu'il prend sont molles et courtes ; il a terminé sa peine hier ; sa façon désormais d'être libre, ce sera de ne rien faire ; la paresse lui semble un délicieux changement, une revanche, une manifestation de son indépendance reconquise. Il n'a plus guère le goût du travail, et, de son côté, l'administration désarmée n'a le droit de lui imposer aucune corvée !

Les occasions de travail ne sont du reste ni faciles ni abondantes pour le libéré ; les employeurs sont rares qui accepteraient ses services. On lui préfère le forçat en cours de peine, qui est autrement maniable parce qu'il dépend absolument de l'autorité et qu'il peut être châtié disciplinairement s'il commet une faute. On lui préfère l'immigrant, venu de Chine ou de l'Inde, qui est plus sobre et moins cher. Cette double concurrence rend la position des libérés précaire et misérable. L'amiral Courbet, qui, avant de porter glorieusement son pavillon dans les mers de Chine, a commandé pendant deux ans la Calédonie, avait coutume, m'a-t-on raconté, de dire un mot qui peint au vif la situation : « Les libérés sont mille fois plus à plaindre que les non-libérés. » Je n'affirmerais pas que le mot fût authentique ; il est du moins vraisemblable. J'ai rencontré, en effet, dans les arrêtés des gouverneurs de nos colonies l'aveu répété que ce problème du travail des libérés était pour l'administration la source des plus cruels embarras. La crise des libérés est permanente là-bas.... Il faut donc opérer, dans la condition des libérés de la loi de 1854 — et les récidivistes futurs ne sont qu'une autre catégorie de libérés — une transformation radicale, car le *statu quo* ne saurait être maintenu.

Les gouverneurs, qui ne pouvaient à eux seuls décider cette transformation, ont du moins procédé avec humanité ; ils ont imaginé des expédients ; ils ont institué des refuges où les libérés reçoivent une pitance médiocre en échange d'une besogne plus médiocre encore. Malheureusement une fois que ces prétendus hommes libres ont tâté de l'asile, ils n'en veulent plus sortir. Ils n'y touchent pourtant qu'une ration réduite, mais ils sont débarrassés de tous les soucis et de toutes les responsabilités de la vie ; ils sont dispensés de tout effort ; ils ont trouvé leur hôtel des invalides : ils y achèvent leur carrière aux frais de l'État. C'est l'État, en effet, qui les entretient ; et l'État ne s'en cache pas ; car je lis à la page 161 du budget colonial pour 1884 qu'un crédit de 2,100,000 fr. est affecté à l'alimentation des transportés et des *libérés*.

Je ne pousserai pas plus loin mes observations. Je crois avoir prouvé que les forçats libérés, astreints à la résidence depuis 1854, n'ont pu garder la liberté plénière que la loi leur avait laissée. L'administration a été contrainte de réagir contre la loi ; elle a d'abord privé les libérés du droit d'aller partout ; elle les a ensuite soumis au travail tout au moins dans les asiles ; et ces asiles, elle a dû les multiplier, tant la détresse des libérés était générale et profonde !

La théorie de la résidence libre a donc subi sous nos

yeux et de nos jours l'épreuve des faits ; personne ne contestera qu'elle ait lamentablement échoué.

Si quelque chose nous a surpris, dans certains ouvrages, d'auteurs cependant très autorisés, sur la question des peines, c'est cette assertion qu'en Australie les convicts se sont améliorés, et que la colonisation par les convicts a été prospère.

On veut sans cesse établir des comparaisons entre la colonisation de l'Australie et celle de la Nouvelle-Calédonie ; les différences, pourtant, sont assez frappantes. En Australie, il y a des plaines immenses, et les indigènes n'ont été gênants nulle part ; en Nouvelle-Calédonie, nous avons un territoire tourmenté, d'une étendue comparativement restreinte, puisqu'il équivaut à environ trois de nos départements, et nous nous trouvons en présence d'une race belliqueuse.

L'Australie convient à toutes les cultures, et son climat se rapproche de celui de l'Europe ; la Nouvelle-Calédonie est située à cette limite où expire la végétation des pays tempérés, où naît celle des tropiques ; et le blanc s'y trouve, lui aussi, bien près de la limite où il peut travailler au grand air et gagner son pain avec ses bras.

L'Australie, dès qu'elle a été ouverte, a été

inondée par des flots d'émigrants dans lesquels les convicts ont disparu et au contact desquels ils se sont régénérés ; dans notre île, sauf de très rares exceptions, il n'y a que des condamnés, des libérés et des fonctionnaires : comment, dans ces conditions, le libéré échapperait-il à ses anciens compagnons de bagne, et pourrait-il se régénérer ?

Enfin l'Anglo-Saxon, si bas qu'il soit tombé, conserve encore le désir de se constituer une propriété et travaille pour augmenter son bien-être ; il a l'idée de se suffire à lui-même ; tandis que, chez nous, l'ancien forçat ne gagne quelque chose que pour le dépenser au cabaret, et se contente le plus souvent de la ration, plutôt que de chercher une occupation nouvelle.

Nous ne voyons donc guère de ressemblance entre l'Australie et la Nouvelle-Calédonie au point de vue de la colonisation, et l'analogie qu'on a cru pouvoir établir entre elles a peut-être été une des causes des tâtonnements, des malentendus qui se sont produits trop longtemps dans la direction de notre colonie.

En résumé, nous doutons fort que la catégorie des libérés puisse nous fournir des agriculteurs, et surtout des agriculteurs entendus aux cultures tropicales : envoyer aux Nouvelles-Hébrides un grand nombre de relégataires incapables de tirer leur existence du travail du sol, serait, nous le craignons, une opération médiocre.

Nous pensons qu'il n'y a rien à faire dans cet archipel pour un Européen qui n'a pas de capitaux à sa disposition; et que transporter les libérés en grand nombre serait reconstituer pour eux un véritable bagne. Il est malheureusement vrai que cet isolement, si nécessaire aux libérés après leur sortie du bagne, n'existe pas davantage en Nouvelle-Calédonie et qu'ils s'y retrouvent rivés les uns aux autres; mais du moins, il est plus aisé à l'administration de maintenir parmi eux un certain ordre, de les surveiller. Ces conditions ne se retrouveraient pas aux Nouvelles-Hébrides. Par conséquent, de deux choses l'une : ou il faut prendre son parti de cette situation sans aucun doute mauvaise, qui consiste à garder indéfiniment dans le même bagne moral les condamnés qui ont fini leur peine corporelle ; ou bien il faut chercher des déversoirs ailleurs ; à coup sûr, ce ne sont pas les terres qui nous manquent.

Pourquoi le gouvernement concentrerait-il tous nos repris de justice sur un seul point du globe? De petites fournées de libérés seraient les bienvenues dans la plupart de nos colonies où la main-d'œuvre fait défaut, où il y a de grands travaux publics à accomplir, où elles pourraient être utilisées aussi dans des exploitations privées déjà lancées. A notre avis, c'est en les divisant, non en les agglomérant, qu'on viendra le mieux à bout de les moraliser, de les surveiller et de les rendre utiles à eux-mêmes et aux autres.

M. Ch. du Peloux, dans son *Guide de l'Émigrant aux Nouvelles-Hébrides*, développe une autre idée :

A la Nouvelle-Calédonie, le chômage des usines, le développement insignifiant jusqu'ici et désormais impossible de la population libre, condamnée à voir l'élément pénal s'accroître démesurément et tout envahir, font envisager l'avenir sous les couleurs les plus sombres. Le gouvernement métropolitain a décidé que la colonie cesserait d'être partagée entre les colons et les transportés, pour être entièrement consacrée à ces derniers : à tel point que les colons déjà établis sont arrivés, en présence de cet état de choses, à désirer que la population pénale devienne indéfiniment plus nombreuse, pour servir de débouché au commerce de la colonie, qui vit exclusivement de l'administration pénitentiaire et de ses ramifications dans l'île ; on est résigné à recevoir comme bienfait, malgré de légitimes répugnances, ces hôtes dans lesquels on trouve des consommateurs. La Calédonie est donc, *ipso facto*, rayée de la liste des pays à coloniser.

Le courant d'émigration en France est, à la vérité, peu important; mais, outre que l'on cherche aujourd'hui tous les moyens de le faciliter, faudra-t-il, parce que la Calédonie est fermée à la colonisation, renoncer à augmenter l'influence française dans les mers du Sud? Et n'avons-nous pas dans les Nouvelles-Hébrides, aux portes mêmes de Nouméa, le meilleur terrain de colonisation qui se puisse trouver?

Supposons un instant que cette annexion, aussi essentielle pour la France que pour la Calédonie, soit réalisée par un procédé qu'il ne nous appartient pas de préjuger, et devienne un fait accompli. Du même coup, toutes les difficultés au milieu desquelles se débat notre colonie se trouvent levées. Laissant la grande île à son rôle de bagne, les colons français qui y sont établis se transportent aux Hébrides, y achètent des terres, s'y livrent à la culture du sol, à l'élevage, établissent des comptoirs, pénètrent peu à peu dans l'intérieur et y découvrent sans doute de nouveaux éléments d'attraction : le gouvernement métropolitain prend des mesures pour favoriser l'introduction des colons ; les étrangers, certains que leurs personnes et leurs biens seront en parfaite sécurité, imitent cet exemple et rivalisent d'efforts pour tirer parti des ressources du pays ; à mesure que les défrichements s'opèrent, la salubrité augmente et les indigènes achèvent de s'humaniser ; la division en îles distinctes favorise l'installation de compagnies ou d'exploitations séparées ; bref, du jour au lendemain, la civilisation pénètre dans l'archipel.

Il y a plus : la question de l'immigration trouve en même temps sa meilleure solution : les Néo-Hébridais, devenus sujets français, peuvent être embauchés et louer leurs services sans que le recrutement ou l'exécution des contrats puissent donner naissance à aucun abus. En outre, nous fermons l'archipel aux recruteurs australiens qui le dépeuplent et se livrent à une traite mal déguisée à l'abri de la neutralité, si précieuse pour eux, des Nouvelles-Hébrides.

Enfin les questions brûlantes de la transportation, de la libération, de la relégation, se simplifient singulièrement. Toute la Calédonie devenant terrain pénitentiaire, on n'a plus à craindre d'y envoyer la partie malsaine de la population française. Si, dans les premiers temps, on manque de colons ou de main-d'œuvre aux Hébrides, rien de plus simple que d'y envoyer, à titre transitoire, un nombre restreint de libérés ou de récidivistes pour y entreprendre les premiers travaux publics et concourir à l'établissement des nouveaux colons. Il peut même arriver que ces relégués ou libérés, échappés à l'atmosphère vicieuse qui fait de la Calédonie un vaste bagne, montrent de meilleurs sentiments et finissent par mener une existence honnête ; on pourrait en ce cas leur concéder des terres cultivables que la Calédonie ne peut plus leur offrir, et faire ainsi un essai de véritable colonisation, non point *pénale,* mais *protégée,* ce qui est bien différent. En prenant soin de ne pas retomber dans les mêmes funestes errements qui ont ruiné notre colonie, on ne verrait plus ce singulier spectacle d'un gouvernement impuissant à empêcher le forçat, une fois sorti du bagne, de n'avoir aucune perspective, si ce n'est d'y rentrer, aucun désir, si ce n'est de commettre de nouveaux crimes pour échapper à l'existence précaire et misérable qui l'attend au seuil de sa libération.

Toutes les combinaisons, impossibles sur cette étroite terre calédonienne, deviendront praticables et avantageuses dès que l'on sera en mesure de séparer le bon grain de l'ivraie, le colon du forçat, de châtier et de récompenser, en ayant sous la main, et sans aucun contact réciproque, d'une part un bagne, de l'autre une colonie[1].

Nous ne savons jusqu'à quel point nos colons de la Nouvelle-Calédonie seraient disposés à réaliser cette idée ; elle ne semble pas encore mûre. En tous cas, pour nous résumer sur cette question, il nous paraît que, — même en faisant abstraction des répugnances de l'Australie et des résistances de l'Angleterre, — la colonisation par l'élément pénal ne serait pas la meilleure politique à suivre aux Hébrides pour le gouvernement français.

1. *Gazette géographique*, numéro du 31 mars 1887.

CHAPITRE VI

MOUVEMENT ANNEXIONNISTE DES COLONIES AUSTRALIENNES. — POLITIQUE DE L'ANGLETERRE. — ÉCHANGE DE NOTES DE 1878.

I.

Meeting du 19 septembre 1877 à Melbourne.
La presse australienne.

Il y a environ dix-sept ans qu'un mouvement d'opinion sérieux a commencé de se manifester en Australie en faveur d'une politique d'annexions et de conquêtes dans le Pacifique. L'Angleterre a d'abord hésité à suivre sa jeune et ambitieuse colonie, puis elle s'est laissé, en quelque sorte, forcer la main, et c'est ainsi que nous voyons, en dépit de toutes les déclarations désintéressées du *Foreign Office*, le pavillon britannique flotter aux Fidji, à la Nouvelle-Guinée, etc.

Au mois de mai 1875, le commandant Goodenough, sous prétexte de se rendre à Nouméa, visita les Nouvelles-Hébrides ; ce voyage fut tenu secret; ce fait, rapproché de ce qui se passait aux Fidji et à la Nouvelle-Guinée, donna lieu de croire que l'officier anglais était venu préparer l'annexion de l'archipel.

Deux ans après, les missionnaires presbytériens mirent le feu aux poudres.

Le 19 septembre 1877, un meeting, qui eut un assez vif retentissement en Australie, fut tenu à Melbourne : il s'agissait, en apparence, de dire adieu au R. J. Paton, qui exerçait depuis plusieurs années les fonctions de missionnaire de l'Église presbytérienne aux Nouvelles-Hébrides, mais en réalité de traiter de l'annexion de cet archipel à la couronne d'Angleterre.

Le R. Paton, après avoir déclaré à l'assemblée que sa visite dans la province de Victoria avait eu pour objet les intérêts de la mission, ne tarda pas à aborder son véritable sujet. Il fit entrevoir que les Français avaient, depuis longtemps déjà, jeté les yeux sur les Nouvelles-Hébrides, et qu'ils se disposaient à s'en emparer, comme ils avaient fait de la Nouvelle-Calédonie et des Loyalty ; le gouvernement anglais devait donc prendre les devants, et adopter l'un de ces trois partis : déclarer l'archipel territoire britannique, y établir son protectorat, ou le proclamer indépendant. Il exprima le désir qu'une agitation générale se produisît pour déterminer le gouvernement à prendre ces îles à sa charge ; il en exposa les richesses naturelles et les avantages ; enfin il raconta qu'un navire de guerre français était allé récemment aux Hébrides, et avait essayé d'y arborer le pavillon tricolore sur plusieurs points, mais sans succès, « parce que les naturels savent que la civilisation française, c'est l'extermination des naturels ». C'était absolument faux : aucun navire de guerre français n'avait paru aux Hébrides.

D'autres orateurs prirent la parole pour soutenir la même thèse, et exprimèrent le vœu que la presse commençât une campagne énergique. L'un d'eux essaya de démontrer que la Grande-Bretagne avait plus de droits que la France à la prise de possession des Nouvelles-Hébrides « parce que, si elles sont voisines de la Nouvelle-Calédonie, elles le sont aussi des Fidji, et les indigènes, ainsi que les résidents, ont essayé à plusieurs reprises d'obtenir le protectorat anglais ». Pour répondre à cette dernière assertion, il suffit de rappeler qu'une pétition, signée de douze commerçants d'origine anglaise établis à Vaté, et réclamant le protectorat français, avait été remise en mai 1876 au gouverneur de la Nouvelle-Calédonie par le commissaire du gouvernement de la goélette *Aoba*.

A la suite du meeting, une députation de presbytériens alla chez le président du conseil des ministres de la colonie, pour prier les autorités britanniques de vouloir bien se joindre à elle afin d'exposer au gouvernement métropolitain la nécessité de l'annexion des Nouvelles-Hébrides à la Grande-Bretagne ou de l'établissement d'un protectorat. Le conseil exécutif de Victoria s'associa dans une certaine mesure aux vœux émis par la députation, mais ne lui laissa pas ignorer les motifs diplomatiques qui empêcheraient sans doute le gouvernement de la reine d'accueillir leur demande, au moins à ce moment.

La campagne de presse souhaitée et annoncée ne tarda pas à éclater ; dès le 3 octobre, le principal journal de la colonie de Victoria, l'*Argus* de Melbourne, lançait l'affaire en ces termes :

Des pétitions priant le gouvernement de la Grande-Bretagne d'annexer les Nouvelles-Hébrides partent par le courrier. Les projets d'annexion ne paraissent pas en faveur en Angleterre pour le moment ; cependant celui-ci mérite d'être pris en considération. Il n'entraînerait aucune grande dépense. Il s'agit d'un groupe d'îles voisines des Fidji *et pouvant être gouvernées du chef-lieu de cette dépendance.* Deux ou trois blancs à terre, et quelques rares visites d'un croiseur de la station, suffiraient pour empêcher ce qu'on craint par-dessus tout : que la France étende ses établissements pénitentiaires dans cette direction. C'est une calamité nationale pour l'Australie qu'on ait laissé la Nouvelle-Calédonie devenir une colonie pénitentiaire. Mais, alors, la Grande-Bretagne elle-même péchait de la même façon : elle avait ses propres pénitenciers dans ces mers, et elle ne pouvait par conséquent protester contre une autre nation qui rejetait sa lie sur ce point du globe. Tout ce qui reste à faire, c'est d'empêcher le mal de s'étendre. Les Français ont déjà annexé les Loyalty à la Nouvelle-Calédonie ; aujourd'hui nous savons par les rapports des missionnaires, qu'ils poursuivent leur système et tendent à l'absorption des Nouvelles-Hébrides, le premier groupe d'îles qui se rencontre sur leur route. Ce magnifique territoire serait leur plus importante possession. Il renferme les plus beaux ports, ses habitants ont été domptés et civilisés par des Anglais au prix de grands efforts [1], ils sont aussi désireux d'y saluer notre drapeau que déterminés à résister aux Français. Les renseignements les plus complets seront fournis au gouvernement de la métropole sur ce sujet. Pour nous, Australiens, nous avons seulement à appuyer les de-

1. On a vu ce qu'il faut penser de cette affirmation.

mandes auprès de la métropole et à exprimer les profonds regrets avec lesquels nous verrions s'étendre encore ce foyer de pestilence française. *Sans ériger en dogme le principe que l'Australasie, aussi bien que l'Australie, appartient à l'empire britannique,* nous pouvons affirmer que l'empire a de trop graves intérêts dans cette partie du monde pour y voir d'un œil indifférent l'expansion d'établissements pénitentiaires.

Le 10 octobre, la même feuille revenait à la charge, en rééditant les assertions inexactes qui avaient déjà été avancées au meeting :

Les Néo-Hébridais ont résisté à toutes les tentatives faites par la France pour planter son drapeau sur ces îles, parce qu'ils ne connaissent les Français que comme des gens qui enlèvent les indigènes pour leur faire subir un demi-esclavage dans la colonie militaire de la Nouvelle-Calédonie. Nos propres concitoyens ne sont pas non plus à l'abri de tout reproche au sujet de ce recrutement de travailleurs ; mais c'est un trafic que le gouvernement métropolitain et celui des colonies australiennes sont loin d'encourager. Les indigènes sont en bons rapports avec les Anglais et sont eux-mêmes désireux de voir se faire cette annexion. Il y a quelques années, une demande fut faite à sir John Young d'établir un protectorat sur ces îles, et certainement tous les naturels civilisés seraient de cet avis. On pourrait objecter à ce projet la question de dépense ; mais, à présent qu'un gouvernement régulier est établi aux Fidji, il suffirait d'envoyer aux Hébrides un résident consulaire ; le gouvernement général serait aux Fidji.

L'Église presbytérienne a dépensé en frais de mission dans ces îles 150,000 livres sterling par an. Le revenu, qui va croissant, s'élève à 5,000 livres sterling par an. Elle y a dix ministres ordonnés et 40 *teachers* indigènes.

Elle espère que le gouvernement local voudra bien s'unir avec ceux des autres colonies pour faire de vives représentations à ce sujet au gouvernement impérial.

Le gouvernement australien était assez gêné pour appuyer ce mouvement d'opinion auprès du Cabinet de Londres, parce que, lors de l'annexion des Fidji, alors qu'on avait établi dans ces îles un gouvernement dispendieux, le gouvernement britannique avait demandé à ses colonies (qui avaient réclamé aussi très hautement cette annexion) de contribuer aux dépenses, si peu que ce fût, et elles s'y étaient obstinément refusées. Peut-être ne pouvaient-elles faire autrement, attendu que leurs gouvernements n'auraient eu aucun contrôle sur ces dépenses ; mais il n'en est pas moins vrai que ce refus n'était pas un précédent très favorable pour une nouvelle demande d'annexion, mesure qui eût entraîné très probablement des frais au moins aussi considérables.

L'*Argus* prévoyait l'objection, et conseillait aux colonies « de mettre la main à la poche » ; il ajoutait que, dans l'opinion de M. Berry (secrétaire en chef du gouvernement local de Victoria), si les colonies ne prenaient pas d'avance l'engagement de contribuer aux frais, le gouvernement impérial répondrait sans doute qu'il ne pouvait s'embarrasser de nouvelles colonies coûteuses ; que M. Berry était, d'ailleurs, très sympathique à ce projet, car il pensait que, pour écarter toutes complications ultérieures, « *il faudrait établir en principe une sorte de doctrine de Munroë, et que toutes les contrées de cette partie du monde devraient être occupées par la race anglo-saxonne ou lui appartenir* ».

Le *Morning Herald*, de Sydney, disait de son côté à la date du 9 octobre :

Il est naturel que les Français cherchent à prévenir nos empiétements comme nous tâchons d'empêcher les leurs, et, puisqu'il est à peu près certain que les Nouvelles-Hébrides, qui ont quelques avantages sur les autres îles, doivent tomber entre les mains d'une grande puissance, on ne saurait blâmer les Français d'essayer d'arriver les premiers.

... Mais cette annexion n'aurait pour but que le placement des condamnés français... La réalisation d'un tel projet toucherait aux intérêts de la Grande-Bretagne autant qu'à ceux de la France elle-même.

L'année dernière, on a demandé la permission de

transférer 600 prisonniers français de la Nouvelle-Calédonie en Australie. Il est vrai qu'on promettait que ces prisonniers ne seraient que des déportés, et non des criminels dans le sens ordinaire du mot ; mais le fait est que le gouvernement de la Nouvelle-Calédonie avait sous la main des centaines de prisonniers dont il voulait se débarrasser, et qui ne pouvaient pas rentrer en France. De nouvelles annexions des Français dans le Pacifique ne feraient probablement qu'augmenter les chances d'un péril semblable à celui qui nous menaçait l'année dernière, et, dans tous les cas, elles ouvriraient les voies à une politique qui ne pourrait que jeter le trouble parmi les sujets anglais des mers du Sud. La Nouvelle-Calédonie a été autre chose qu'un lointain asile pour les réfugiés politiques, elle a servi de prison aux plus lâches gueux, aux plus atroces criminels de France. Les colonies australiennes ont fait, il y a quelques années, une longue et dure guerre pour débarrasser ces mers des condamnés de la Grande-Bretagne ; elles ne peuvent voir avec indifférence les îles du Pacifique devenir des établissements pénitentiaires français.

L'annexion des Fidji doit être considérée au point de vue d'une politique générale en Océanie, et cette politique doit être dirigée promptement en l'un ou l'autre sens. Il y a quelques semaines, une question a été posée à la Chambre des communes au sujet de l'annexion des Samoa ; la réponse a été que le gouvernement britannique n'avait pas actuellement l'intention d'agrandir ses possessions dans les mers du Sud. Il est très probable qu'on répondra de même à la pétition actuelle.

Le présent cabinet tory a constamment maintenu l'unité de l'Empire, et l'a agrandi toutes les fois qu'il a été nécessaire ; mais cette politique a en ces derniers temps jeté le ministère Beaconsfield dans des embarras sans fin. L'annexion du Transwaal a été condamnée par quelques personnes comme un vol, et celle des Fidji ridiculisée comme un fiasco. La politique d'annexion n'est pas populaire aujourd'hui, et il ne paraît pas que les avantages naturels des Hébrides soient assez puissants pour changer l'opinion sur ce point. On dira que la Grande-Bretagne aurait besoin d'un motif plus sérieux d'y aller que celui d'en fermer la porte aux Français. Pour le moment, tout fait prévoir que le gouvernement des Fidji coûtera chaque année une très grosse somme au gouvernement impérial ; les colonies n'ont donné aucun signe de leur disposition à en prendre désormais leur part. Il est vrai qu'il suffirait de planter le drapeau sur les Nouvelles-Hébrides pour en faire un territoire anglais ; mais, tout simple que soit ce mode de procéder, il sera difficile de persuader aux autorités métropolitaines qu'une nouvelle annexion n'ajoutera pas quelque chose à un fardeau déjà bien lourd.

Le *Morning Herald* concluait dans le même sens que l'*Argus :*

Si les possessions de la Couronne dans le Pacifique doivent être accrues dans l'intérêt des colonies aussi bien que dans l'intérêt de la métropole, il est juste que les colonies contribuent aux frais. Comment ? C'est là une question qui pourra donner lieu à des discussions sans nombre, mais si des pétitions comme celle-ci doivent avoir quelque résultat, c'est un problème qu'il faudra examiner et résoudre d'une manière ou d'une autre. Nous pensons que de nouvelles annexions dans le Pacifique seront bientôt justifiées par les plus sérieuses raisons, si elles ne le sont déjà. Les frais du gouvernement d'un territoire trois fois plus grand que celui des Fidji n'ont pas besoin d'être beaucoup plus considérables que ceux du gouvernement actuel des Fidji. Il est presque certain que le progrès que nous avons déjà fait dans le Pacifique entraînera la nécessité d'en faire encore d'autres. Si nous pouvons, ou non, permettre que les Fidji soient entourées de possessions étrangères et qu'un établissement comme celui de la Nouvelle-Calédonie empiète sur ces dépendances, c'est une question que le gouvernement métropolitain ne pourra pas renvoyer sans examen ; mais, dans l'état présent de l'opinion publique en Angleterre, il n'est pas probable que le gouvernement fasse beaucoup, à moins d'être assuré du concours des gouvernements australiens.

La réponse des ministres anglais fut telle que l'avait prévue les feuilles australiennes, et la question fut ajournée.

II.

Arrangement franco-anglais de janvier 1878. — Propagande annexionniste des missions (1883).

Le gouvernement français en profita pour entretenir le Cabinet de Londres de ses vues, et lui proposa d'adopter en commun la renonciation par l'Angleterre et par la France à toute occupation des Nouvelles-Hébrides, dont l'indépendance serait reconnue par les deux gouvernements. Cette proposition fut acceptée (janvier 1878). C'est cette déclaration — analogue, comme on voit, à celle qui régit notre situation aux îles sous le Vent, mais beaucoup moins solennelle, à la vérité, puisqu'elle résulte d'un simple échange de lettres entre lord Derby et le vicomte d'Harcourt, — qui forme aujourd'hui encore la base du droit international en cette matière.

Que la diplomatie française ait été malheureusement inspirée en prenant cet engagement, nous n'y contredirons pas. Nous avons vu [1] ce que

1. *Politique française en Océanie*, 2e partie.

nous a coûté, ce que nous coûte encore la convention de 1842, relative aux îles sous le Vent; et il est véritablement singulier que, au moment même où le ministre des affaires étrangères se voyait dans la nécessité de négocier pour en détruire les funestes effets, il ait provoqué un arrangement analogue en Mélanésie. Nous sommes tombés pour la seconde fois dans le même piège.

Ainsi, lorsque l'Angleterre voit que certaines îles doivent un jour ou l'autre nous revenir parce qu'elles sont les annexes naturelles d'une de nos colonies, elle nous fait accepter une clause en vertu de laquelle nous promettons d'en respecter l'indépendance ; puis, lorsque nous avons à craindre que cette clause ne soit violée par des tiers (ou par les Anglais eux-mêmes) et à écarter une concurrence fâcheuse, lorsque nous nous voyons décidément obligés d'englober ces îles dans nos possessions, alors l'Angleterre, qui attendait ce *moment psychologique,* nous tient la dragée haute, et nous fait payer par de chères concessions ce qui aurait dû nous appartenir d'abord. C'est le vieux jeu anglais : ce qui est étonnant, c'est que la France s'y laisse encore prendre !

L'arrangement de 1878, qui pourtant fut connu du public, n'empêcha point, d'ailleurs, les missions presbytériennes de continuer leur campagne en Australie et à Londres. C'est ainsi que le 8 février 1883, une députation de diverses sociétés religieuses demandant « une protection efficace pour les habitants des Nouvelles-Hébrides et la suppression des abus produits par la traite » fut reçue au Foreign-Office par les lords Derby et Granville.

Après avoir entendu plusieurs des délégués, le secrétaire d'État aux colonies répondit qu'il était heureux de constater qu'aucun d'eux n'avait demandé ni annexion ni protectorat. « Quelques-uns d'entre vous, ajouta-t-il, ont exprimé l'espérance que la Grande-Bretagne étendrait *sa protection* sur les Nouvelles-Hébrides ; mais *protection* ne veut pas dire *protectorat.* Je suis heureux de voir que la députation se place à ce point de vue, parce qu'en ce moment les annexions sont certainement considérées avec peu de faveur par notre pays, surtout lorsqu'il s'agit de contrées lointaines. Vous savez aussi qu'en ce moment il y a des raisons toutes particulières pour que nous prenions le plus grand soin de ne pas exciter les susceptibilités de la part de nos voisins les Français ; *nous devons donc écarter tout projet de protectorat britannique sur ces îles.* »

Un des députés ayant manifesté la crainte de voir la France intervenir dans l'archipel, lord Derby dit encore (et nous aurons à revenir sur cette déclaration) :

« *Je crois que nous pourrions entrer en pourparlers à ce sujet avec nos voisins, et je serais heureux, pour ma part, si les gouvernements français et anglais s'engageaient réciproquement à respecter l'indépendance de ces îles. Une proposition tendant à ce but avait déjà été examinée il y a environ six ans, et je ne vois pas pourquoi la question ne pourrait pas être soumise à un nouvel examen et résolue à la satisfaction des deux parties.* Bien entendu, aucune convention ne pourrait empêcher les colons français ou les sociétés de commerce françaises de s'établir dans ces îles. Mais je ne crois pas que nous puissions y redouter l'action de la France, parce que nous devons nous rappeler qu'en général ce pays est peu disposé à coloniser. » En terminant, il déclara qu'il s'efforcerait de faire réglementer la traite des ouvriers indigènes, et au besoin, d'en obtenir la suppression.

Lord Granville se borna à dire en quelques mots que la question ne manquerait pas d'attirer la plus sérieuse attention du Foreign Office.

La démarche de cette députation passa presque inaperçue dans la presse de Londres ; la plupart des journaux se contentèrent, comme le *Times*, de signaler le but humanitaire que poursuivaient les sociétés religieuses, et affectèrent de ne faire aucune allusion au côté politique de la question. La *Pall Mall Gazette*, toutefois, exprima sa pensée avec plus de franchise : « La députation, dit-elle, ne peut être félicitée pour le courage de ses opinions. Sans doute, le mot *annexion* sonne mal et est très impopulaire en ce moment, comme l'a dit lord Derby ; mais c'était bien l'annexion que réclamaient les délégués et ils eussent dû l'avouer franchement. »

Il paraît, d'autre part, que le secrétaire d'État aux colonies avait mis pour condition à la réception de la députation, que celle-ci ne demanderait pas l'annexion.

Il n'en résultait pas moins de la réponse de lord Derby que le gouvernement, au lieu d'attacher aux déclarations de 1878 l'importance et le sens que nous y attachions nous-mêmes et que nous étions en droit d'y attacher, affectait de n'y voir qu'un projet, une proposition : à ses yeux, il n'y avait rien de fait. Le langage de lord Granville à M. Tissot ne fut pas plus rassurant, et sembla impliquer que l'Angleterre se considérait comme dégagée des obligations résultant, pour elle comme pour nous, de l'échange d'assurances qui avait eu lieu entre les deux Cabinets six ans auparavant : le ministre reconnut que les colonies australiennes s'étaient adressées à Londres pour demander l'annexion des Nouvelles-Hébrides, et assura en même temps notre ambassadeur qu'*aucune décision n'avait été prise encore par le gouvernement* sur la réponse qui serait faite. Sans nier les engagements que l'Angleterre avait contractés envers nous, il évita de se prononcer catégoriquement sur la question du protectorat. Il laissa entendre toutefois, en termes très vagues et qu'il se refusa à préciser, *qu'il ne croyait pas que son gouvernement prît possession de ces îles.* Lord Edmund Fitz Maurice se montra encore plus réservé. Enfin, à la Chambre des Communes, M. Ashley, loin de reconnaître, ainsi que nous eussions été en droit de nous y attendre, que les engagements souscrits avec nous s'opposaient à ce que l'Angleterre s'emparât des Nouvelles-Hébrides, s'exprima au contraire de façon à faire supposer que le Cabinet de Londres se laisserait guider en cette circonstance par les exigences de l'opinion publique.

Après la réponse de lord Derby, la propagande annexionniste reprit de plus belle, d'une part dans la presse de Londres, de l'autre dans la colonie de Victoria.

Au mois d'avril 1883, à l'une des séances qui précédèrent immédiatement la prorogation du Parlement de la colonie, un des membres de l'assemblée législative, M. Campbell, interpella le ministre au sujet de télégrammes venus de Londres, et d'après lesquels le gouvernement français aurait manifesté l'intention d'établir un dépôt de récidivistes aux Nouvelles-Hébrides; l'orateur demanda si le Cabinet de Victoria ne jugerait pas de son devoir de faire connaître au gouvernement britannique les objections sérieuses que les colonies australiennes auraient à présenter dans le cas de réalisation « d'une mesure qui aurait des résultats aussi désastreux pour toute l'Australie que pour les Nouvelles-Hébrides elles-mêmes ». Il ne pouvait, quant à lui, admettre qu'on laissât la France déverser « son fumier criminel » sur un sol si voisin du continent australien, et réclamait une prompte intervention des autorités coloniales. M. Anderson, ministre de la justice, répondit que le Cabinet allait se mettre en communication avec le gouvernement britannique pour obtenir l'établissement du protectorat anglais, ou, tout au moins, pour prévenir les fâcheuses conséquences d'une occupation française ; il promit que le Cabinet de Victoria ferait tous ses efforts pour éviter le danger qui menaçait les colonies australiennes.

Les vacances parlementaires étant survenues, il n'y eut rien de fait ; mais les journaux de Melbourne se remirent à agiter la question avec une nouvelle ardeur : une nombreuse députation, composée de pasteurs protestants, de négociants et de membres du Parlement, alla trouver le premier ministre de la colonie, M. James Service, et le pria d'user de toute son influence auprès de ses collègues pour amener le Cabinet entier à demander au gouvernement de la Reine d'annexer *tous les archipels du Pacifique qui ne sont jusqu'à présent sous la domination d'aucune puissance européenne*, ou du moins d'établir un protectorat sur les Nouvelles-Hébrides, les îles Salomon, etc.

Les missionnaires présentèrent à l'appui de leur requête un grand nombre d'arguments géographiques, politiques et commerciaux ; ce fut surtout à ces derniers que M. Service sembla prêter l'oreille. Il se montra favorable à la demande qui lui était faite, et promit de la communiquer à ses collègues dans le plus bref délai. Il pria la députation de lui adresser une note résumant les faits qui lui avaient été exposés, et ajouta que, si les Parlements australiens voulaient s'occuper de l'affaire, les vœux qu'ils exprimeraient seraient certainement pris en considération par l'Angleterre. De son côté, il ferait tout ce qui dépendrait de lui pour amener le gouvernement de Victoria à formuler officiellement une opinion conforme à celle de la députation.

Le *World* et l'*Age*, deux des principaux journaux de Melbourne, annoncèrent « d'après des renseignements dignes de toute créance » que le consul de France à Melbourne n'avait pas perdu un instant et avait télégraphié à son gouvernement le compte rendu de l'entrevue en insistant sur l'urgence qu'il y avait pour la France à devancer les projets de l'Angleterre. Cette nouvelle, de pure invention, fit le tour de la presse coloniale ; elle occasionna des articles sans nombre, dont les conclusions étaient naturellement identiques, et qui eurent pour effet d'engager plus fortement le gouvernement colonial dans la voie indiquée par le premier ministre.

Celui-ci convoqua ses collègues le 8 juin, et le Cabinet décida à l'unanimité de télégraphier aux autres gouvernements australiens pour s'assurer leur coopération dans les démarches que la colonie de Victoria allait faire auprès du ministère anglais. Chacun des gouvernements coloniaux voisins répondit qu'il approuvait l'initiative prise par Victoria, et qu'il était prêt à seconder ses efforts. En même temps, M. Service faisait télégraphier par le marquis de Normanby, gouverneur de Victoria, à lord Derby, pour l'informer du vœu émis par les colonies, et télégraphiait à l'agent général de la colonie de Victoria à Londres. Quelques jours après, il communiquait à la presse de Melbourne la réponse de l'agent général, qui pouvait se résumer ainsi : les agents généraux des diverses colonies australiennes se sont réunis pour arriver à une entente commune et ont décidé qu'avant de demander audience à lord Derby, il était préférable d'attendre que les gouvernements coloniaux eussent préalablement fait connaître dans quelle mesure ils seraient prêts à contribuer aux dépenses de l'annexion. M. Murray Smith, agent général de Victoria, ajoutait qu'il se proposait, ainsi que ses collègues, de voir prochainement lord Derby ; « il était à craindre cependant qu'en conséquence de l'accord intervenu entre la France et l'Angleterre, celle-ci se refusât à accéder aux désirs manifestés par les colonies » ; d'ailleurs, la presse de Londres s'était montrée hostile à une politique d'annexion à outrance.

Dans un autre télégramme, en réponse à cette dépêche de M. Murray Smith, M. Service lui annonça *que les colonies australiennes seraient disposées à payer leur part des dépenses*. C'était un pas nouveau et décisif.

CHAPITRE VII

NÉGOCIATIONS DE 1883 ET DE 1886. — CONGRÈS DE SYDNEY (DÉCEMBRE 1883). — OCCUPATION MILITAIRE DES ÎLES SANDWICH ET MALLICOLO PAR LA FRANCE (JUIN 1886).

I

Nouvel échange de vues avec le Cabinet de Londres (juillet 1883). — Déclaration de lord Derby (août).

La persistance de ces menées, après l'accueil fait à Londres aux délégués australiens, paraissait d'une nature assez grave pour nous autoriser à demander d'une façon plus précise au gouvernement de la Reine si les déclarations de 1878 avaient à ses yeux conservé toute leur valeur. Le comte d'Aunay, chargé d'affaires de France à Londres, remit à lord Granville, le 10 juillet 1883, la note suivante :

Vers la fin du mois dernier, le représentant de la France à Londres a entretenu le principal secrétaire d'État de la Reine de la démarche faite récemment par les colonies australiennes en vue de provoquer la réunion à la Couronne de divers groupes d'îles du Pacifique, et notamment des Nouvelles-Hébrides.

En ce qui concerne les Nouvelles-Hébrides, la question avait été, dès 1878, posée dans les mêmes termes, elle avait alors fourni l'occasion d'un échange de notes dans lesquelles chacun des deux gouvernements avait déclaré qu'en ce qui le concernait, il n'avait pas l'intention de porter atteinte à l'indépendance de l'archipel.

Il n'est survenu depuis lors aucun incident qui parût de nature à modifier cet accord de vues. Le fait même que lord Lyons a cru devoir, au mois de mars dernier, remettre sous les yeux du ministre des affaires étrangères, à Paris, le texte des notes susmentionnées attestait qu'à ce moment encore, le gouvernement de S. M. Britannique y attachait la même valeur et persistait dans les mêmes dispositions.

Cependant, dans le récent entretien dont la démarche des colonies australiennes a fait le sujet, le principal secrétaire d'État s'est borné à dire que le gouvernement anglais « n'avait encore pris aucune décision relativement à la réponse qui leur serait faite ». Les autres membres du gouvernement qui ont eu depuis à traiter de la question au Parlement se sont même montrés plus réservés et n'ont fait aucune mention des déclarations de 1878.

Dès cette époque, le gouvernement français avait fait connaître le prix qu'il attachait, en raison des rapports établis entre ses établissements de la Nouvelle-Calédonie et les Nouvelles-Hébrides, à ce qu'aucun changement ne fût apporté à la situation politique de ce dernier groupe d'îles. Loin de diminuer, l'importance de ces rapports n'a depuis lors cessé de s'accroître ; ils présentent aujourd'hui pour notre colonie un intérêt de premier ordre. Le gouvernement de la République a, par suite, le devoir de s'assurer si les déclarations de 1878 ont, pour le gouvernement de la Reine, comme pour lui, conservé toute leur valeur, et d'insister, s'il y a lieu, pour le maintien de l'état de choses actuel.

Le Cabinet de Londres ne sera pas surpris qu'en présence du mouvement d'opinion auquel la démarche des colonies australiennes a donné lieu et des manifestations qui pourraient en résulter inopinément de part et d'autre, le gouvernement français tienne à être fixé à bref délai sur la manière dont la question est envisagée par le gouvernement de S. M. Britannique.

Il était difficile au gouvernement britannique de ne pas faire honneur à sa signature : sa réponse fut, cette fois, très nette, et les pièces échangées constatent que l'Angleterre se considère comme engagée à n'apporter aucun changement à la situation politique des Nouvelles-Hébrides.

A la suite de cet échange de vues, lord Derby adressa aux agents des gouvernements australiens à Londres, par l'intermédiaire d'un sous-secrétaire d'État, une lettre relative aux acquisitions de territoires méditées par les colonies britanniques : le gouvernement anglais ne désapprouvait nullement l'annexion de la Nouvelle-Guinée ; mais il s'opposait à celle de certains groupes d'îles dont la conquête était interdite par des engagements internationaux, tels que les archipels des Samoa, des Tonga et des *Nouvelles-Hébrides*. A l'exception de ces territoires, il laissait à la conférence qui devait se tenir prochainement à Sydney toute liberté d'arrêter comme elle le jugerait convenable la liste définitive des îles à réunir à l'empire australien.

Il résultait aussi du dernier paragraphe de la dépêche que lord Derby était entré en communication avec le Foreign-Office pour obtenir que lord Granville détournât le gouvernement français d'établir des colonies pénitentiaires dans les îles du Pacifique voisines des possessions anglaises.

Voici, du reste, l'analyse de ce document :

Le bureau des colonies aux agents généraux de la Nouvelle-Galles du Sud, de la Nouvelle-Zélande, du Queensland et de la province de Victoria.

31 août 1883.

I. Réception est accusée de la lettre, en date du 21 juillet, de MM. les agents généraux ci-dessus dénommés. Lord Derby n'y fait, pour le moment, aucune objection; il en a transmis copie à sir Gordon et à l'Amirauté pour ce qui les concerne.

II. Lord Derby se demande s'il règne vraiment dans les colonies australiennes une incertitude aussi grande que la lettre des agents généraux semble l'indiquer au sujet de l'accueil que ferait le gouvernement britannique aux revendications des puissances étrangères sur la partie ouest du Pacifique.

III. Aucune puissance n'a manifesté l'intention ni réclamé le droit d'exercer une influence prépondérante ou un protectorat sur les îles Samoa. Les consuls anglais, allemands et américains ont, soit collectivement, soit séparément, exercé de temps à autre une certaine influence sur les affaires des Samoa. La Grande-Bretagne et l'Allemagne sont en pourparlers avec le roi de Samoa pour un traité. Ce groupe d'îles est reconnu indépendant par la diplomatie européenne : il pourrait donc arriver que son annexion par une puissance fût considérée comme une violation du droit international.

IV. Le groupe des îles Tonga, ou des Amis, est aussi reconnu indépendant; l'Allemagne et la Grande-Bretagne ont conclu un traité avec le roi; donc même réserve quant à une annexion que pour les îles Samoa.

V. *Quant aux Nouvelles-Hébrides, une entente a eu lieu en 1878,* ainsi que le dit la lettre des agents généraux, *entre la France et l'Angleterre, entente de laquelle résulte la reconnaissance de l'indépendance de ce groupe d'îles par les deux puissances.*

Les Loyalty sont si voisines de la Nouvelle-Calédonie qu'elles doivent être considérées comme une dépendance de cette possession française.

VI. Il résulte de ce court exposé que les droits et les intérêts des puissances étrangères constituent un très sérieux empêchement à ce que l'Angleterre s'attribue dès maintenant, ainsi que les agents ci-dessus dénommés le voudraient, une juridiction complète sur les îles du Pacifique occidental.

Il n'est pas particulièrement parlé, dans la lettre du 21 juillet, des îles connues sous le nom de Nouvelle-Bretagne, Nouvelle-Irlande, îles Salomon et îles Santa-Cruz, qui sont très éloignées de l'Australie, ont quelquefois une étendue considérable et sont habitées par des peuplades cannibales et guerrières. Il n'a été fourni jusqu'à ce jour au gouvernement britannique aucune preuve que les gouvernements des colonies australiennes aient apporté une attention suffisante au degré de responsabilité qu'entraînerait une annexion ou un protectorat de ces îles, et le gouvernement de la Reine est loin d'être édifié sur la nécessité et l'opportunité qu'il y a à assumer une telle responsabilité.

VII. En ce qui concerne la Nouvelle-Guinée, lord Derby n'a rien à ajouter à sa lettre du 11 juillet adressée au gouverneur du Queensland. Après avoir reçu cette dépêche, les gouvernements des colonies qui voudraient supporter les dépenses de mesures telles que celles mentionnées dans les deux derniers paragraphes de la dépêche, devraient se concerter entre eux et fournir des garanties effectives pour les dépenses qui en pourraient résulter.

VIII. Lord Derby a pris en sérieuse considération les observations contenues dans la lettre des agents coloniaux sur les inconvénients que présenterait de la part de la France un développement continu des établissements pénitentiaires en Nouvelle-Calédonie et dans les îles adjacentes. Lord Derby échange à cet égard ses vues avec le Foreign-Office.

En résumé, le ministre calmait le zèle annexionniste des agents coloniaux et les détournait de toute entreprise immédiate ; il consacrait solennellement à nouveau les engagements pris en 1878 ; en même temps, il s'associait officiellement aux protestations de l'Australie contre l'éventualité de l'établissement d'un dépôt de récidivistes français aux Nouvelles-Hébrides.

II

Discours du marquis de Normanby (novembre 1883). — Congrès de Sydney (décembre). — Meetings de Melbourne, etc.

Le 5 novembre 1883, à l'occasion de la prorogation du Parlement colonial, le marquis de Normanby, gouverneur de Victoria, après avoir passé en revue les travaux des deux Chambres pendant la session, se fit l'organe de l'opinion publique :

La question de l'annexion de la Nouvelle-Guinée et d'autres îles du Pacifique occidental avait déjà appelé votre attention lors de la réunion des Chambres ; elle a acquis une plus grande importance depuis que le gouvernement français a annoncé le projet d'envoyer dans cette région ses criminels les plus dépravés et les plus dangereux, ceux entre autres que l'on considère comme tellement imbus des principes du mal qu'on les juge indignes de rester sur le sol de la France. Il est d'une importance vitale pour les colonies d'Australie, qui renferment une population britannique de plus de 3,000,000 d'habitants et sont l'exemple le plus frappant de l'esprit d'entreprise de la mère patrie, que ces îles ne deviennent pas une telle sentine de pourriture morale, à une si petite distance de notre Angleterre du Sud. Profondément émues de la possibilité d'un pareil affront, et se rendant bien compte qu'il en résulterait pour nous tous un malheur national irréparable, les diverses colonies ont déjà protesté vivement auprès du gouvernement de la Reine. La convention qui doit se réunir prochainement à Sydney, et dans laquelle des délégués de ces colonies examineront spécialement cette question, en même temps que celle de la fédération, amènera, il y a lieu de l'espérer, la mère patrie, qui a le devoir de conserver le caractère national des possessions de la Couronne, à prendre des mesures efficaces pour éviter une telle calamité. Il importe peu que, pour arriver à ce résultat, nous annexions ces îles ou y établissions un protectorat. Notre but final doit être d'empêcher une occupation qui serait pour notre paisible territoire une menace permanente, et de détourner de notre colonie les criminels qui, ainsi que nous avons déjà pu le constater, s'y introduiraient peu à peu.

Les évasions de transportés de la Nouvelle-Calédonie avaient pourtant déjà considérablement diminué à cette époque.

Le Congrès des colonies australiennes se réunit à Sydney le 5 décembre 1883, et adopta les dispositions suivantes :

Le Congrès proteste contre toute annexion future, de la part d'une puissance étrangère, dans les régions méridionales et équatoriales du Pacifique.

Il est à désirer qu'on substitue à l'entente de 1878 un arrangement d'un caractère définitif qui empêche ces îles de tomber sous une domination étrangère.

Le Congrès espère que le gouvernement de la Reine saisira la première occasion pour négocier avec la France en vue d'obtenir le contrôle de ces îles.

Les représentants des gouvernements coloniaux s'engagent à demander à leurs assemblées législatives le vote des sommes nécessaires pour l'annexion de la Nouvelle-Guinée et des autres îles du Pacifique.

Le Congrès proteste énergiquement contre le projet avoué par la France de transporter dans ses possessions du Pacifique un grand nombre de récidivistes, et il exprime l'espoir qu'aucun établissement destiné à recevoir des criminels européens ne continuera à exister dans le Pacifique. Il termine en invitant le gouvernement de la Reine à faire à ce sujet de très sérieuses représentations au gouvernement français.

Enfin le Congrès déclarait qu'aucun des achats de terrains conclus avant l'établissement de la juridiction anglaise, soit dans la Nouvelle-Guinée, soit dans les autres îles du Pacifique, ne serait considéré comme valable. Cette résolution ne tendait à rien de moins qu'à déposséder la Compagnie calédonienne.

La réunion de ce Congrès produisit un fort mauvais effet en Angleterre : on y vit, avec raison, la première tentative sérieuse d'union entre les divers États australiens, en même temps que de fédération entre les colonies britanniques des mers du Sud. C'est un premier pas dans la voie de l'indépendance ; il est désormais facile de prévoir le jour où l'Australie, capable de se défendre seule, suivra l'exemple de l'Amérique.

L'année suivante, en 1884, le bruit courut que les colonies australiennes, trouvant la métropole trop tiède, auraient adressé directement au gouvernement français un *postulatum* sur la question de la colonisation pénale, la formation d'une ligue anti-récidiviste et l'application aux vaisseaux de toute nationalité de la loi votée en 1854 à Victoria relativement aux navires anglais amenant des convicts dans les colonies australiennes.

A la fin de la même année, deux grands meetings eurent lieu, à Melbourne et à Ballaarat.

A Melbourne, sous la présidence du maire, quatre mille personnes, notamment le président de l'Assemblée législative et plusieurs membres de cette même Assemblée ou du Conseil législatif, adoptèrent une résolution blâmant vivement l'attitude de lord Derby en présence des annexions allemandes.

Dans une seconde résolution, ils condamnèrent énergiquement tout acte émanant soit du gouvernement anglais, soit de tout autre gouvernement et dont le but ou le résultat serait de jeter sur le sol des îles du Pacifique, dans le voisinage de l'Australie, des criminels européens. Ils invitaient avec instances le gouvernement impérial à prendre les mesures nécessaires pour éviter un pareil fléau.

M. Blyth, président de la chambre de commerce, protesta contre l'annexion éventuelle des Nouvelles-Hébrides par la France ; il dit que le but de la France n'était pas d'utiliser ces îles pour le commerce, mais seulement d'y enfermer ses criminels.

A Ballaarat, il y avait 4,000 assistants.

La réunion protesta contre la tendance croissante des puissances étrangères à s'emparer des îles qui avoisinent l'Australie. Elle déclara que ces îles devaient appartenir à l'Australie seule. Elle blâma la conduite de lord Derby.

Bref, les colons blâmaient leur pays, blâmaient l'Allemagne, blâmaient la France, blâmaient tout le monde.

Vers la même époque, M. de Court, consul de France à Sydney, et la colonie française organisèrent une manifestation devant la statue de Lapérouse.

L'idée première de cette cérémonie était due à M. Marquis, commandant du *Bruat,* qui avait été envoyé à la recherche des restes de l'expédition de Lapérouse.

M. de Court élargit l'idée primitive en invitant un certain nombre d'Australiens, faisant ainsi de cette solennité une fête internationale. De la pointe nord de Botany-Bay, où s'élève le monument élevé par Bougainville à Lapérouse, on peut voir, sur la côte sud de la baie, celui élevé par l'honorable Thomas Holt à Cook, et les manifestants, en honorant la mémoire de l'un des explorateurs, n'oublièrent pas de rendre justice à la gloire de l'autre. La conversation fut très amicale ; rien, dans la nature des souvenirs qu'évoquait la cérémonie, ne pouvait donner le moindre sujet à une susceptibilité internationale quelconque. Le consul français profita de l'occasion pour protester contre les allusions injustes et les violentes attaques dirigées contre la France par une certaine partie de la presse australienne et par certains politiciens du pays. Il eut soin de déclarer qu'il se sentait libre de parler de ce sujet, car les hommes politiques de la Nouvelle-Galles du Sud avaient toujours conservé envers la France une attitude juste et sympathique, comme on pouvait en trouver la preuve dans un vote récent (le vote du Parlement opposant la question préalable à l'approbation des décisions du Conseil fédéral).

L'*Argus*, de Melbourne, fit à ce propos les réflexions suivantes :

Les speechs d'après dîner ne sont généralement pas des sujets dignes d'une critique serrée ; sans quoi il serait facile de faire remarquer que les résolutions de la Convention n'ont été désapprouvées que par une voix de majorité ; mais que, en tout cas, cette voix ne s'appliquait qu'à un des trois objets des résolutions, à savoir la fédération. Quant aux deux autres objets, annexion ou récidivistes, nul doute que si le Parlement, au lieu d'adopter le système de l'opposition et de voter pour les résolutions en bloc, avait été appelé à donner son avis sur chaque point séparément, nul doute qu'il eût à l'unanimité approuvé l'article concernant les protestations contre l'envoi de récidivistes français dans les mers du Sud. Et M. de Court n'eût pas eu le moyen de paraître croire à une opinion contraire chez les membres du Parlement et les habitants de la Nouvelle-Galles du Sud.

III

Reprise des négociations avec l'Angleterre. — Occupation de Sandwich et de Mallicolo par la France (juin 1886).

En présence de ces manifestations, le Cabinet de Londres entama de nouveaux pourparlers avec le gouvernement français. Dans le courant de 1885, les ministres et les sous-secrétaires d'État déclarèrent aux Communes que leur attention avait été appelée sur l'affluence de plus en plus nombreuse, dans les colonies anglaises de l'Océanie, de criminels évadés des pénitenciers français; qu'à Sydney, des transportés français, mis en liberté à la condition de ne jamais retourner en France, étaient arrivés de la Nouvelle-Calédonie après avoir purgé leur condamnation ; que, pour mettre fin à ces inconvénients, le gouvernement de S. M. était entré en négociations avec le gouvernement français ; qu'il ne serait sans doute pas nécessaire de recommander aux gouvernements coloniaux l'adoption de mesures législatives déclarant illicite la tentative de n'importe quel capitaine, anglais ou étranger, de débarquer dans les ports australiens des transportés évadés ou relaxés ; que toutefois, le gouvernement de la Reine ne s'opposerait à aucune mesure raisonnable prise par les colonies pour se protéger contre ce fléau.

On voit qu'il y a une importante distinction à faire entre la politique de l'Australie et celle de l'Angleterre : les Australiens faisaient entrer la question des récidivistes dans un vaste programme qui comprend, sinon encore la confédération des colonies[1], du moins l'annexion des îles du Paci-

---

1. Ce n'est pas l'envie qui leur en manque ; mais certains faits, tels que le refus de l'Angleterre de sanctionner l'annexion de la Nouvelle-Guinée, les a fait réfléchir, et leur a fait sentir leur faiblesse : il est certain que l'Australie indépendante serait aujourd'hui, avec ses banques et ses mines, une proie livrée ; elle n'a ni marine, ni armée, et il lui faut encore un temps assez long pour se préparer à la séparation. Ce n'est pas par

fique occidental; le gouvernement britannique séparait ces questions, tirait son épingle du jeu

---

amour pour la mère patrie, c'est par intérêt, par nécessité, qu'elle ne précipite pas la fédération souhaitée.

Les *Débats* disaient récemment dans le même sens :

« Le projet de confédération des colonies australiennes de l'Angleterre, projet concerté en vue d'une politique d'annexion et de défense commune, fait du chemin. L'Assemblée législative de l'Australie du Sud a ratifié à la majorité de 22 voix les vœux émis à ce sujet par la Convention de Sydney. Toutes les colonies, hormis celles des Nouvelles-Galles du Sud et de la Nouvelle-Zélande, se sont donc exprimées en faveur de la fédération. Il s'en faut encore cependant que la création d'un Conseil fédéral soit un fait accompli. Absolument d'accord sur la question des annexions à effectuer et des mesures défensives à prendre contre l'invasion des récidivistes français et les agresseurs du dehors, les colonies australiennes sont très divisées sur la question de la politique douanière à suivre. Telle d'entre elles, comme la colonie des Nouvelles-Galles du Sud, est libre-échangiste, tandis que telle autre, comme la Tasmanie, pratique le système de la protection, toutes jouissant, comme on le sait, d'une autonomie qui leur permet de régler individuellement leurs tarifs comme elles l'entendent. Trouver une ligne commune de politique commerciale sera donc chose fort difficile, et cet obstacle pourrait bien empêcher le projet de confédération de se réaliser. »

D'autre part, le *XIXe Siècle* du 1er janvier 1885 publiait une lettre, datée de Sydney (10 novembre 1884), où on lisait ce qui suit :

« La presse australienne considère comme son œuvre, et par conséquent comme un succès remporté par elle, la déclaration du protectorat sur la Nouvelle-Guinée. Elle en profite pour traiter un peu cavalièrement les ministres de la Reine, et pour montrer, au sujet de la fédération, une insistance qui ressemble singulièrement à une injonction. Et si le ministère anglais n'a pas encore cédé, c'est qu'il a trouvé jusqu'à présent un appui factice dans la rivalité de deux des colonies australiennes, Victoria et New South Wales. Cette dernière sent la domination lui échapper, et elle lutte en désespérée, car il est évi-

en ce qui concerne les annexions, essayait de calmer l'ardeur conquérante de ses colonies, et

---

dent qu'en cas de fédération, la direction des affaires coloniales viendra de Melbourne et non de Sydney. Victoria et Melbourne, sa capitale, ont tout à gagner. New South Wales et Sydney ne peuvent que perdre le reste de leur prestige. Aussi y a-t-il en New South Wales une grande hésitation, qui s'est dernièrement traduite par un vote du Parlement opposant la question préalable à l'approbation des décisions du Conseil fédéral dans lequel a été votée la nécessité d'une fédération et ont été énoncées les bases de cette union ; tandis que Victoria et les autres colonies qui, étant moins importantes et sans prestige particulier, ont beaucoup à gagner, font feu de toutes pièces, font marcher et gouverneurs et premiers et agents généraux, pour arracher à lord Derby le bill autorisant la fédération de leurs rêves. Que se passera-t-il une fois ce pas franchi, et que doit-on attendre des ambitieuses visées des Victoriens? Leur soi-disant attachement à l'empire britannique, qu'ils affichent à tout instant, les empêchera-t-il de comprendre qu'ils sont assez forts pour marcher par eux-mêmes et pour se passer de la coûteuse intervention de l'Angleterre dans leurs affaires?

« Il est permis d'en douter, et on peut, dès à présent, calculer les chances d'un nouvel empire australien, qui sera ambitieux et cherchera à étendre sa domination surtout dans le Pacifique sud, et dont la tête sera à Melbourne ; et, sans nul doute, étant donnés la richesse du sol, l'état très avancé de la civilisation, du commerce, de l'industrie, l'intelligence et l'ambition des habitants, ce sera un empire avec lequel les puissances coloniales auront à compter.

« Ce qui prouve l'ambition des divers ministères australiens, c'est qu'à l'idée de fédération ils joignent constamment celle d'annexion.

« Voyez en Queensland : sir Mac-Ilwraith, s'adressant à l'Assemblée législative au sujet du protectorat de l'Angleterre sur la Nouvelle-Guinée, déclare que « compris comme il l'est, appliqué comme il l'est par le gouvernement impérial, ce protectorat est *une pure honte ;* que par ses hésitations et son manque de fermeté lord Derby a compliqué les affaires et éveillé les jalousies des gouvernements étrangers et le ressentiment

se contentait de défendre leurs intérêts dans ses négociations avec la France.

Malgré les cris et les menaces des Australiens, qui prétendaient imposer la doctrine Munroë aux *territoires sans maîtres* de l'Océanie, l'Angleterre conclut avec l'Allemagne, à la fin de juin 1885, une convention qui avait simplement pour objet le *partage de l'Océanie* entre les deux nations :

L'Angleterre se réservait d'occuper les archipels Gilbert et Ellis.

L'Allemagne prenait le nord de la Nouvelle-Guinée, la Nouvelle-Irlande, le Nouveau-Hanovre, la Nouvelle-Bretagne, l'île Anderson, et formait ainsi un groupe de possessions qui reçut le nom d'*archipel Bismarck*.

---

des Australiens ; que la Nouvelle-Guinée appartenant virtuellement au groupe australien, si l'on avait effectué son annexion sans formalité et de droit, il n'y aurait pas eu la moindre objection de la part des puissances étrangères. »

D'un autre côté, le premier de Nouvelle-Zélande fait adopter une résolution par le Parlement, par laquelle celui-ci donne son approbation aux décisions du Congrès, et Sydney (demandant et organisant la fédération) approuve les démarches faites par le gouvernement britannique pour l'établissement du protectorat en Nouvelle-Guinée et espère qu'il *en agira de même pour toutes les autres îles du Sud Pacifique, qui ne se trouvent sous la domination directe d'aucun gouvernement établi.*

Cf. sur le même sujet, l'*Océanie moderne,* par C. de Varigny (*Revue des Deux-Mondes* du 15 août 1887), et *Politique coloniale de l'Angleterre,* par A. Gervais (*Revue politique et littéraire* du 17 septembre 1887).

Ainsi tout l'équilibre de l'Océanie était bouleversé.

M. de Bismarck nous donnait l'exemple ; mais nous n'avons jamais su profiter de ses leçons. Au lieu de prendre, nous aussi, notre part, quitte à nous expliquer après, nous continuâmes à négocier, sans agir.

L'Angleterre commença par nous demander, « *en échange* des Nouvelles-Hébrides », l'île de Rapa ; c'est toujours le même système : demander *quelque chose* en échange de *rien* ; nous disons *rien*, puisque l'Angleterre n'est pas plus que nous propriétaire des Hébrides ; voilà où mènent les arrangements comme celui de 1878 !

Le Conseil d'amirauté de France, consulté sur cette question : « Convient-il de céder en toute souveraineté l'île de Rapa à l'Angleterre contre l'engagement de sa part de donner son assentiment à la prise de possession, sous une forme quelconque, de l'archipel des Nouvelles-Hébrides », prit une délibération dont nous détachons les passages suivants (28 mai 1885) :

Considérant que l'occupation de Rapa par une puissance étrangère aurait pour nos possessions de l'archipel de la Société les inconvénients que cette même occupation présenterait, aux Nouvelles-Hébrides, pour la Nouvelle-Calédonie ;

Considérant que, s'il importe d'encourager les tentatives qui se poursuivent pour la colonisation des Nouvelles-Hébrides par une compagnie française, des encouragements peuvent être donnés autrement que par une prise de possession, notamment sous la forme d'une protection efficace de la propriété des terres que cette compagnie a régulièrement acquises dans l'archipel, et qu'en ces termes, la légitimité de notre protectionn e saurait être contestée ;

Considérant que, aux Nouvelles-Hébrides plus que partout ailleurs, l'exercice de la souveraineté d'une puissance occupante pourrait entraîner, pour la France, de graves difficultés internationales ;

Que Rapa, en des mains étrangères, deviendrait aisément, grâce à sa situation, un entrepôt commercial important, dont la concurrence serait, en temps de paix, ruineuse pour nos colonies voisines, et qu'il pourrait y être établi une base d'opérations militaires créant pour elles un danger très sérieux en temps de guerre ;

Considérant que si, à défaut de Rapa, les convoitises de l'Angleterre se portent sur Borabora et Huaheiné, il appartient à la vigilance des départements des affaires étrangères et de la marine d'empêcher la réalisation de ses projets ;

Considérant enfin que, si une nouvelle extension de notre empire colonial nous est imposée et si la France doit se rendre à la nécessité de la prise de possession des Nouvelles-Hébrides, il y a lieu d'attendre, pour opérer cette prise de possession, une occasion plus avantageuse que celle qui nous est offerte par la combinaison proposée ;

Émet l'avis qu'il ne convient pas de céder en toute souveraineté l'île de Rapa à l'Angleterre contre l'engagement, de sa part, de donner son assentiment à notre prise de possession, sous une forme quelconque, de l'archipel des Nouvelles-Hébrides.

Le 24 décembre 1885, la France signa avec l'Allemagne une convention en vertu de laquelle cette puissance s'engageait à ne pas prendre possession des Nouvelles-Hébrides, en se réservant le droit du recrutement des travailleurs [1].

Puis notre gouvernement fit à l'Angleterre les propositions suivantes : il laisserait aux missionnaires et aux négociants anglais toute liberté de culte, de propagande et de commerce dans l'archipel annexé ; en outre, il prenait l'engagement de n'expédier à l'avenir *ni dans les Nouvelles-Hébrides, ni même en Nouvelle-Calédonie ou sur tout autre point du Pacifique,* des condamnés, soit forçats, soit récidivistes.

On pouvait croire que, sur de telles bases, les

1. Voy. *The New-Hebrides, correspondence respecting :* 1° *Protocol between Germany and France ;* 2° *Proposal of France to be allowed to annex.* (Melbourne, 1886 ; publié par le gouvernement.)

négociations allaient enfin aboutir ; en Australie et en Nouvelle-Calédonie, l'annexion était considérée comme faite ; la presse australienne s'inclinait déjà devant le fait accompli. C'est ainsi que le *Sydney Morning Herald* disait, le 24 mars :

> La question des Nouvelles-Hébrides paraît devoir être bientôt résolue. Les télégrammes que nous recevons de notre agence générale nous annoncent que la France paraît décidée à annexer définitivement ces îles, à quoi l'on consentirait, de notre côté, sous certaines conditions en ce qui concerne l'envoi des condamnés. Par un autre télégramme nous apprenons que l'opinion publique consent à faire cette concession à la France, sous la réserve qu'elle n'y enverra pas de récidivistes. De cette manière, nous pouvons admettre l'annexion. Nous devons reconnaître que tôt ou tard elle était inévitable. Franchement, nous ne dirons pas que nous sommes satisfaits de cette solution ; mais il nous faut accepter les faits accomplis [1].

Cependant, avant de prendre un parti, l'Angleterre tint à consulter ses colonies : c'était rendre un résultat négatif inévitable. En effet, parmi les colonies consultées, deux seulement, celles de la Nouvelle-Galles du Sud et de la Nouvelle-Zé-

1. Cf. l'*Écho* australien, du 6 février 1886, et l'*Indépendant de la Nouvelle-Calédonie* du 13 avril.

lande, se prononcèrent en faveur de l'arrangement projeté ; les autres se déclarèrent contre. Leur opposition n'avait donc pas pour cause la question des transportés, mais bien la doctrine Munroë : cette fois, l'Australie s'était démasquée :

Les *Débats* dirent fort justement à ce propos :

On ne peut s'empêcher de remarquer que le gouvernement anglais témoigne à ses colonies une déférence un peu excessive, d'autant plus frappante qu'elle a parfois ses intermittences. Lorsqu'il s'est agi de déterminer quels seraient, sur une terre cent fois plus étendue que l'archipel des Nouvelles-Hébrides tout entier, sur une terre tout à fait voisine de l'Australie, sur la Nouvelle-Guinée, les droits respectifs de l'Allemagne et de l'Angleterre, le Cabinet de Londres n'a pas pris le moindre souci des vœux, des préférences, et même des violentes protestations de ses colonies australiennes. Il a déchiré purement et simplement un acte d'annexion que l'une d'elles avait déjà consommé. Il a passé outre à leurs pétitions et à leurs doléances. Il a conclu avec le gouvernement allemand un traité où il trace au travers de l'Océan Pacifique, comme l'avaient fait jadis le Portugal et l'Espagne pour l'Atlantique sous les auspices d'Alexandre VI, une ligne idéale de partage, disposant d'archipels sur lesquels ni l'Allemagne ni l'Angleterre n'avaient de droits positifs, et dont tel ou tel, celui des îles Salomon par exemple, aurait dû revenir à la France plutôt qu'à tout autre pays de l'Europe. Tout cela s'est fait sans que les colonies australiennes fussent consultées. Comment ne point constater que leur opposition devient pour l'Angleterre, suivant les cas, une circonstance négligeable ou un de ces obstacles que l'on ne surmonte point? (6 mai 1886.)

Les négociations avaient donc échoué encore une fois par le mauvais vouloir de l'Australie et de l'Angleterre. Mais les nouvelles d'Océanie allaient prouver que le *statu quo* ne pourrait être maintenu bien longtemps.

En avril (1886), les indigènes d'Ambrym attaquent et blessent un colon français, le sieur Klein, et emprisonnent un Anglais, le sieur Harry.

A Port-Vila (Sandwich), cinq indigènes, employés de la Compagnie calédonienne, sont enlevés par les naturels de l'intérieur; l'un d'eux est frappé à coups de hache et grièvement blessé; les quatre autres, mangés.

A Port-Stanley, les indigènes tuent le chef de station de la Compagnie, le sieur Joachim, et pillent la station.

A l'île Api, un Français, le sieur Le Bihan, étant venu à mourir, les nommés Decoster, sujets allemands, employés de la Compagnie Morgan, dévalisent sa demeure et volent son matériel. Un autre étranger, le sieur Woirth, se permet de vendre à la Compagnie Walker des terrains situés à Port-Sandwich et appartenant à la Compagnie calédonienne.

A l'île Toby (au sud de Mallicolo), deux Allemands, employés d'une société patronnée par M. de Bismarck, sont massacrés par les indigènes. Ceux-ci, étant restés impunis, menacent de mort tous les Européens qui approchent de l'île. Un navire de guerre allemand, l'*Albatros*, stationnaire de la division navale de la Nouvelle-Guinée, y paraît peu de temps après ; l'équipage tue 15 naturels, en blesse une trentaine et incendie deux villages.

A Aurore, le Révérend Bicce défend aux chefs de vendre des terrains aux Français et appuie cette défense de menaces de mort.

A Aoré, un sieur dit de Lautour, se disant missionnaire, placarde des écrits en anglais, diffamant notre marine, et prépare les indigènes au massacre de nos équipages.

A Port-Havannah, des actes de piraterie sont commis au préjudice de la Compagnie calédonienne.

Cette situation ne pouvait durer : le gouvernement français prit enfin un parti décisif. Le 1er juin, un poste militaire, composé de troupes d'infanterie de marine, débarquant de la *Dives*, fut installé à Port-Havannah, dans l'île Sandwich. Le lendemain, un second poste militaire, débarqué du même navire, fut installé à Port-Sandwich, dans l'île Mallicolo.

Le pavillon national fut arboré sur les établissements destinés à servir de cantonnements provisoires aux deux détachements, et salué, chacun de ces deux jours, par un coup de canon, pendant que les troupes d'infanterie rendaient les honneurs.

Il n'y eut ni conflit, ni protestation. Un avis constatant l'installation de ces postes fut remis aux résidents des diverses nationalités; procès-verbal dressé.

Le 4 juin, le *Magellan*, mouillé dans la rade de Sandwich, débarqua les troupes d'infanterie de marine et d'artillerie destinées à compléter le poste : il transborda sur la *Dives* les hommes destinés à compléter le poste de Port-Havannah.

Le 6 juin, la *Dives* quitta Mallicolo et se dirigea sur Port-Havannah, où elle trouva le navire de guerre anglais *Undine* et le trois-mâts-goëlette *Day-Spring*, appartenant aux missions protestantes. Le commandant de la *Dives* eut les relations les plus cordiales avec le commandant de l'*Undine*.

Ces mesures excitèrent le plus vif enthousiasme à la Nouvelle-Calédonie, et le Conseil général, réuni en séance extraordinaire, envoya le télégramme suivant au ministre de la marine :

Le Conseil général demande le maintien des troupes aux Nouvelles-Hébrides, et l'annexion immédiate sans conditions.

En revanche, le Révérend J. G. Paton, doyen des missionnaires dans l'archipel, adressa une violente protestation à M. Gillies, premier ministre de Victoria, et à sir James Graham Berry, agent général de la colonie à Londres ; la seconde fut publiée par le *Times*. Comme elles ne contiennent rien d'intéressant, qu'elles renferment un grand nombre d'inexactitudes et qu'elles sont souvent injurieuses pour la France, nous nous dispenserons de les citer.

CHAPITRE VIII

CONVENTION ANGLO-FRANÇAISE DU 24 OCTOBRE 1887. — L'AVENIR.

L'occupation de Sandwich et de Mallicolo fut le point de départ de nouvelles négociations avec l'Angleterre. Sur la demande du gouvernement français, l'affaire des Nouvelles-Hébrides fut traitée conjointement avec celle du canal de Suez et celle des îles sous le Vent. Les trois questions ont été réglées à la fois le 24 octobre 1887.

Voici le texte de la convention relative aux affaires d'Océanie :

Art. 1er. — Le gouvernement de Sa Majesté Britannique consent à procéder à l'abrogation de la Déclaration de 1847, relative au groupe des îles sous le Vent de Tahiti, aussitôt qu'aura été mis à exécution l'accord ci-après formulé pour la protection, à l'avenir, des personnes et des biens aux Nouvelles-Hébrides, au moyen d'une commission mixte.

Art. 2. — Une commission navale mixte, composée d'officiers de marine appartenant aux stations française et anglaise du Pacifique, sera immédiatement constituée; elle sera chargée de maintenir l'ordre et de protéger les personnes et les biens des sujets français et britanniques dans les Nouvelles-Hébrides.

Art. 3. — Une déclaration à cet effet sera signée par les deux gouvernements.

Art. 4. — Les règlements destinés à guider la commission seront élaborés par les deux gouvernements, approuvés par eux et transmis aux commandants français et anglais des bâtiments de la station navale du Pacifique, dans un délai qui n'excédera pas quatre mois à partir de la signature de la présente convention, s'il n'est pas possible de le faire plus tôt.

Art. 5. — Dès que ces règlements auront été approuvés par les deux gouvernements et que les postes militaires français auront pu, par suite, être retirés des Nouvelles-Hébrides, le gouvernement de Sa Majesté Britannique procédera à l'abrogation de la Déclaration de 1847. Il est entendu que les assurances relatives au commerce et aux condamnés qui sont contenues dans la Note verbale du 24 octobre 1885, communiquée par M. de Freycinet à lord Lyons, demeureront en pleine vigueur.

Nous ne pouvons qu'applaudir à l'heureuse solution de l'affaire des îles sous le Vent : solution absolument conforme aux conclusions que nous avions développées dans notre précédent ouvrage.

En revanche, la solution relative aux Nouvelles-Hébrides n'en est pas une : c'est, en fait, le maintien du *statu quo*. Il est à espérer que cette concession de notre diplomatie a pu lui être de quelque utilité pour le règlement de l'affaire du canal, — bien que la liberté et la neutralité de ce passage fussent assurées d'avance par l'intérêt commun de toutes les nations ; — mais ce qui est certain, c'est que l'institution d'une commission mixte aux Nouvelles-Hébrides ne résout rien.

L'Australie désirait vivement un arrangement de ce genre, dans l'espoir de reconquérir, avec le temps, la prépondérance qui lui a échappé. Et en effet, il ne faut pas se faire d'illusions : la lutte va se poursuivre, plus âpre que jamais ; et les Australiens, avec l'aide de ces trois forces, — les missionnaires, l'or et l'appui du gouvernement anglais, — feront tous leurs efforts pour nous reprendre la suprématie.

S'ils y parvenaient, il faudrait prévoir le jour où la Nouvelle-Calédonie, cernée, bloquée de toutes parts, écrasée par le développement de l'élément pénal, comparerait sa situation à celle des îles voisines ; et où, faute d'avoir compris l'importance future de cette question, faute d'avoir montré à temps la décision et l'énergie nécessaires, nous finirions par disparaître de ces parages, qui sont appelés à jouer un si grand rôle dans l'avenir du monde.

Nous ne devons donc rien négliger pour maintenir et pour accroître notre influence, nos positions, et pour aider les colons français. Le *condominium* du 24 octobre n'aura qu'un temps, comme tous ses pareils : nous devons faire en sorte que, le jour où il disparaîtra, ce ne soit pas à notre détriment.

Du reste, le Gouvernement pourra prendre à cet égard certaines garanties plus sérieuses : il suffit de considérer la carte du Pacifique pour y trouver la solution véritable, conforme tout à la fois et aux engagements et aux intérêts de la France.

ILES CHESTERFIELD

ILES CHESTERFIELD

Il nous reste à mentionner, pour mémoire, parmi nos possessions océaniennes, les îles Chesterfield, distantes de cent lieues environ de la pointe nord de la Nouvelle-Calédonie, et situées par 19°52′22″ de latitude sud et 155°59′14″ de longitude est. Ce sont deux barrières longues et étroites, se réunissant dans le sud en forme de V, et s'étendant, depuis ce point sud, celle de l'ouest à 25 milles dans le N.-O., et celle de l'est à 9 milles dans N. 1/4 N.-O. La barrière Est a à peine un demi-mille dans sa plus grande largeur ; la barrière ouest n'a qu'un quart de mille de large et est coupée en deux endroits qui forment passes pour les navires.

Les îlots Chesterfield sont placés sur ces récifs. Ce sont des monticules de sable couverts d'arbres à feuilles épaisses, de buissons et de plantes rampantes et qui sont fréquentés par une multitude d'oiseaux.

Les principaux îlots placés sur ces récifs sont : l'îlot Loup, à l'intersection des deux barrières, l'îlot Mouillage sur celle de l'est, et enfin l'îlot Passage et les îles Longue et Avon sur celle de l'ouest.

Tenant compte de la richesse en guano de l'île Longue

et de sa situation géographique à 300 milles dans l'ouest de la Nouvelle-Calédonie et au croisement des deux routes extérieures qui vont au détroit de Torrès par l'île Reine, ayant constaté en outre qu'il existe deux excellents mouillages à la réunion des deux barrières, le commandant Olry, gouverneur de la Nouvelle-Calédonie, en fit prendre possession au nom de la France, par le lieutenant de vaisseau Guyon, commandant la *Seudre*, le 15 juin 1878.

En réponse à la communication qui lui fut adressée de la prise de possession des îles Chesterfield, sir Hercules Robinson, gouverneur de la province de la Nouvelle-Galles du Sud, en informant M. Olry qu'il avait soumis cette lettre à son gouvernement, lui fit connaître que les îles Chesterfield et Bampton avaient été découvertes en 1793 par des navires anglais, qu'elles avaient été visitées avec soin au point de vue de l'utilité qu'elles pouvaient offrir à la marine par le capitaine Denman, du navire de S. M. B. *Herald*, en 1860, et de nouveau par le navire de l'État le *Renard*, au commencement de 1878. Le gouverneur de la Nouvelle-Galles du Sud ajouta que le gouvernement anglais l'avait autorisé à louer lesdites îles pour 7 ans à une maison de commerce qui en avait sollicité la concession en vue de l'exploitation du guano.

De son côté, le consul d'Angleterre à Nouméa pria le gouverneur de donner des ordres, par suite d'instructions qu'il avait reçues de Sydney, pour qu'il ne fût pas enlevé de guano sur les îles ou récifs Bampton jusqu'à ce qu'une décision fût intervenue entre les deux gouvernements relativement à la propriété desdites îles.

Sir Hercules Robinson et le consul de Nouméa prenaient une intention pour un fait accompli ; les îles Chesterfield appartiennent à la France, et l'exploitation de leurs gisements de guano a été concédée à une compagnie française après la prise de possession.

ILE CLIPPERTON

ILE CLIPPERTON

Nous croyons devoir reproduire la notice suivante, qui a paru dans le *Bulletin* de la Société de géographie commerciale de Paris de juillet 1884, mais en faisant toutes nos réserves. L'île Clipperton pourrait servir de point de relâche aux navires allant de Panama en Chine ou au Japon, plutôt qu'à ceux qui iront de Panama en Australie ou à la Nouvelle-Zélande; on verra, d'ailleurs, que, même dans la pensée de l'auteur, M. Romanet du Caillaud, des travaux assez considérables sont nécessaires pour mettre l'île en état de les recevoir.

L'île Clipperton [1] est une île du Pacifique oriental, située par environ 10°17′ latitude N., 111°30′ longitude O.

Elle se trouve ainsi à peu près sous la même latitude que Panama, à environ 3,000 kilomètres de ce port, à huit degrés du groupe Revillagigedo.

---

1. Documents consultés : Findlay, *Directory for the Pacific Ocean;* Paulhès, *Instructions nautiques sur les côtes Ouest du Centre-Amérique et du Mexique.* — *Carte de la marine anglaise n° 196;* cette carte est reproduite en réduction dans un cartouche de la carte du Pacifique oriental de l'atlas de Stieler.

Lorsque l'isthme de Panama sera percé, cette île aura peut-être dans l'Océan Pacifique la même importance que l'île Saint-Thomas dans la mer des Antilles; elle sera, en effet, une station commerciale parfaitement située, étant d'une part à proximité d'Acapulco, le principal port mexicain du Pacifique, et d'autre part sur le passage des navires allant soit en Californie, soit en Australie, soit au Japon et en Chine.

Or, l'île Clipperton est en droit à la France; mais, de même que bien d'autres de nos possessions, je ne sache pas qu'elle soit occupée.

Il est à désirer qu'il soit fait une exploration sérieuse de cette île[1]: car les renseignements que donnent les *Instructions nautiques* sont fort peu précis; je vais les relater ici.

L'île Clipperton fut découverte en 1705 par le capitaine Clipperton, un des compagnons du navigateur Dampier.

Pendant longtemps on a cru que cette île n'était qu'un simple rocher émergeant de la mer, haut de 12 à 13 mètres (40 pieds anglais). Ce rocher, de forme conique, aux contours déchiquetés, s'aperçoit en mer à une distance de 15 milles environ. Il paraît d'abord comme un vaisseau à la voile; mais lorsqu'on s'en rapproche, il présente l'aspect d'un immense château. Sa couleur est foncée, presque noire.

Une observation plus attentive fit découvrir que ce rocher faisait partie d'une île ou plutôt d'un groupe

1. Il m'a été assuré que cette exploration ne tarderait pas à se faire.

de deux îles basses; il se trouve dans la partie méridionale.

Cette île a la forme d'un quadrilatère dont les angles auraient été arrondis; son pourtour est d'un peu plus de 8 milles. Elle est entourée d'une ceinture de coraux, laquelle de loin, par un temps sombre, semble être une plage de sable.

A l'intérieur de l'île est un lagon de 6 milles environ de circonférence et dont les contours sont à peu près parallèles à ceux de l'île elle-même. Le centre du lagon est occupé par une cavité profonde, l'eau y paraît bleue. La trace de cette cavité sur la surface du lagon reproduit approximativement la forme d'une ellipse dont le grand diamètre aurait 700 mètres, et le petit diamètre 450.

Le lagon communique avec la mer par deux passes, l'une au N.-E., l'autre au S.-O. Ces passes, larges de 120 à 150 mètres, ne sont praticables qu'à mer haute. A mer basse, le ressac y est trop violent et le jusant y laisse voir les brisants à découvert.

Clipperton est partagée par ces passes en deux fractions. L'îlot de l'est a la forme d'un J majuscule; sa largeur moyenne est de 460 mètres, avec un développement de 4,700 mètres; sa superficie est de plus de 200 hectares. C'est à l'extrémité sud-ouest de cet îlot que se trouve le rocher.

L'île occidentale a la forme d'un E majuscule privé de la barre du milieu, et dont la partie supérieure serait quatre fois plus large que le reste du corps de la lettre. Sa superficie est de plus de 700 hectares.

L'altitude de Clipperton est très faible; elle est en

moyenne de 2 mètres. Dans la partie septentrionale, cependant, le terrain se relève un peu.

Aucun arbre n'y croît[1]; mais le sol est recouvert d'une espèce de gazon. De nombreux oiseaux de mer s'y donnent rendez-vous.

L'apparence volcanique du rocher de Clipperton semble faire croire que l'île est le cratère d'un ancien volcan sous-marin. La partie centrale du lagon, où l'eau est bleue, serait probablement un petit cratère dont le soulèvement aurait été postérieur à celui du grand. Les coraux, en se formant sur le rebord du grand cratère, auraient créé le sol de l'île ; les déjections des oiseaux de mer l'auraient exhaussé peu à peu et se seraient, par la suite, transformées en humus. Il est probable que les végétaux qui croissent dans les autres petites îles basses de l'Océanie pourraient être acclimatés à Clipperton.

Dans l'exploration que je voudrais voir faire de Clipperton, il faudrait rechercher s'il y existe des sources d'eau potable, ou si, en forant des puits, on peut en trouver ; enfin, dans le cas où des sondages ne donneraient pas un résultat satisfaisant, si les pluies sont assez fréquentes dans l'île pour permettre d'alimenter des citernes.

Tout autour de Clipperton la mer est très profonde. En certains endroits, une sonde de 182^{m},90 (100 brasses

1. Le navigateur anglais qui décrit Clipperton dit qu'il aperçut sur la côte plusieurs grands arbres ; mais ce devait être du bois mort charrié là par les flots (*dreft wood,* comme il est écrit au-dessous du profil de la carte anglaise nº 1936) ; car quelques lignes plus bas l'auteur anglais dit qu'il n'y a pas dans cette île d'arbre vivant.

anglaises) n'a pu atteindre le fond ; du côté du nord la sonde a accusé une profondeur moindre.

Les documents que j'ai eus sous les yeux n'indiquent pas la profondeur du lagon ; il est probable qu'aucun sondage n'y a été fait. Mais il est possible que, outre la cavité du milieu, il y ait dans ce lagon des fonds d'une profondeur suffisante pour recevoir de grands navires.

En ce cas, les passes actuellement existantes devraient être approfondies ; toutefois, comme elles sont du côté dangereux de l'île[1], c'est-à-dire ouvertes à l'est, il serait peut-être préférable, au lieu de les utiliser, de creuser à l'ouest un chenal dans la bande de l'île occidentale qui, en certains endroits, n'a guère plus de 3,000 mètres de large. Deux fanaux, placés, l'un sur le bord du chenal, l'autre dans l'îlot de l'est, donneraient la direction à suivre pour entrer dans le chenal et de là dans le lagon.

Sur le rocher serait établi un phare, et aussi une batterie qui servirait à la défense militaire de l'île.

Lorsque le canal de Panama sera terminé, Clipperton peut devenir un centre commercial des plus importants ; la ville qui se créera sur les bords du lagon abritera par ses constructions contre les vents du large les eaux de ce bassin intérieur et en fera dès lors un port excellent.

---

1. *On the weather side of the island.*

APPENDICE

M. Higginson a adressé la lettre suivante à Sir Charles Dilke. Nous croyons utile de la reproduire, bien que nous n'en acceptions pas tous les termes, notamment au sujet de l'échange de notes de 1878 : sans doute, ce n'était pas là un *traité solennel;* mais l'arrangement ne pouvait être dénoué, M. Higginson le reconnaît lui-même, que par les voies diplomatiques.

Paris, le 18 août 1887.

Monsieur,

Un livre qui paraît sous votre signature ne peut passer inaperçu. Comme tous les Français qui ont à cœur la prospérité et la sécurité de leur pays, j'ai lu avec un intérêt particulier *l'Europe en 1887*.

Un chapitre de votre livre a frappé mon attention d'une façon toute spéciale : c'est celui que vous consacrez aux questions qui divisent malheureusement la France et l'Angleterre sur divers points du globe et particulièrement dans l'Océan Pacifique.

De ce chapitre, je ne veux retenir et examiner que ce qui a trait à la possession de l'archipel des Nouvelles-Hébrides.

J'estime que vous n'avez pas envisagé cette question spéciale sous son véritable jour et que les documents mis à votre disposition ne sont ni exacts ni complets.

Permettez à un homme qui, depuis seize ans, a suivi cette affaire dans toutes ses phases et qui croit la connaître dans ses moindres détails, de l'examiner avec vous. J'ai l'espoir que vous me saurez gré d'avoir cherché à faire la lumière sur cette question des Nouvelles-Hébrides qui peut être encore résolue à l'amiable, pour le bien de l'Angleterre et de la France, malgré les ferments de discorde que l'on essaye d'entretenir entre les deux pays, malgré les causes apparentes de conflits qui ont empêché jusqu'à ce jour toute entente entre les Gouvernements de Londres et de Paris.

Je sais assez combien votre esprit est ouvert à la libre discussion pour être certain, par avance, que vous m'approuverez d'avoir, à votre exemple, porté le débat devant l'opinion publique, que je fais juge des intérêts en cause.

I.

Tout d'abord nous avons à examiner le point de vue historique de la question qui nous occupe. Nous ne sommes pas d'accord à ce sujet.

Vous attribuez la découverte de l'archipel Néo-Hébridais à un Anglais, au capitaine Cook, en 1774.

Sans insister autrement sur ce détail, je me permettrai de vous faire observer que 168 ans avant le capitaine Cook, c'est-à-dire vers 1606, les Nouvelles-Hébrides avaient été visitées par Fernandez de Quiros, et qu'en 1768, un Français, le capitaine Bougainville, avait abordé dans cet archipel. Quand, six ans plus tard, Cook visita les Nouvelles-Hébrides, il ne fit autre chose que fixer définitivement la situation géographique de ces îles.

Il y a donc, à cet égard, une première inexactitude que je tiens à rectifier.

Vous me concéderez, d'ailleurs, qu'en pareille matière les droits du premier découvreur n'ont qu'une valeur relative et qu'il ne suffit pas d'avoir exploré, avant tous les autres, une terre ignorée, pour en devenir le légitime propriétaire.

Je trouve la preuve de cette vérité incontestable dans l'histoire même de l'Australie. Les Hollandais n'ont-ils pas été les premiers à mettre le pied sur le continent australien, en 1606 ? N'est-ce pas eux qui, pendant tout le XVIIe siècle, y ont fait des voyages d'exploration successifs alors que les Anglais n'y sont venus eux-mêmes qu'en 1699 ? Et, cependant, en dépit de ces droits de découverte acquis à des navigateurs hollandais, les Anglais ne sont-ils pas devenus, sans conteste, les maîtres de ce vaste continent ? La Nouvelle-Hollande, malgré son nom qui rappelle indubitablement son origine, n'est-elle pas bien et dûment devenue territoire de l'empire colonial de la Grande-Bretagne ?

Mais laissons de côté ce détail qui n'a pour moi qu'une minime importance. Il est oiseux, à mon avis, de remonter à deux siècles et demi en arrière.

L'histoire des Nouvelles-Hébrides est intimement liée à l'histoire de la Nouvelle-Calédonie. Pour un juge impartial, il est impossible de séparer l'une de l'autre.

Le jour où la France a pris possession de la Nouvelle-Calédonie, l'archipel Néo-Hébridais n'était pas seulement une dépendance géographique de cette île, il en était aussi l'annexe commerciale.

En effet, tout le monde sait, en Australie, que bien des années avant l'arrivée des Français en Calédonie, James Paddon, un des premiers colonisateurs des mers du Sud, avait fait, de Nouméa, l'entrepôt des produits qu'il tirait des Nouvelles-Hébrides. S'il avait sa résidence, son principal établissement là où devait s'élever plus tard Nouméa, c'est aux Nouvelles-Hébrides qu'il allait alimenter son commerce, c'est des Nouvelles-Hébrides qu'il faisait venir, au moyen de ses bateaux, les travailleurs indigènes dont la Nouvelle-Calédonie avait besoin.

J'ai donc le droit de dire qu'au moment de la prise de possession de la Nouvelle-Calédonie par la France, en 1853, les Nouvelles-Hébrides étaient ce qu'elles n'ont pas cessé d'être depuis cette époque, *une dépendance de la Nouvelle-Calédonie.*

Vous pourriez me poser deux questions :

Pourquoi, en 1853, le pavillon français n'a-t-il pas été arboré sur les Nouvelles-Hébrides ?

A cela je répondrai que c'était là une simple formalité que le gouvernement français a négligée. Mais il considérait si bien les Nouvelles-Hébrides comme une dépendance géographique de la Nouvelle-Calédonie, qu'il nommait le premier Gouverneur avec le titre de *gouverneur de la Nouvelle-Calédonie et « dépendances »*.

Ce mot « dépendances » ne pouvait désigner que l'archipel Néo-Hébridais.

Prévoyant les difficultés que pouvait faire naître

l'oubli, ou mieux encore l'omission par la France de cette formalité, — l'établissement de son pavillon sur les Nouvelles-Hébrides, — je n'ai pas ménagé, pour ma part, au Gouvernement français, les avertissements et je n'ai pas cessé, depuis 1871, de réclamer du gouverneur de la Nouvelle-Calédonie une prise de possession solennelle des Nouvelles-Hébrides. Il m'a été invariablement répondu : « A quoi bon ? Sous quel prétexte « l'Australie nous disputerait-elle un territoire qui nous « appartient, un territoire qui est à notre porte, qui est « situé à moins de cent lieues de la Nouvelle-Calédo- « nie, alors qu'il est séparé de l'Australie par une dis- « tance de quatre cents lieues ? De bonne foi, la Grande- « Bretagne peut-elle nous contester la possession d'un « archipel qui dépend de notre établissement princi- « pal ? »

En effet, l'Australie a-t-elle besoin d'ajouter ce groupe d'îlots à son vaste continent pour être un grand pays ? Est-il juste, est-il raisonnable qu'elle dispute à la Nouvelle-Calédonie quelques petits territoires qui en sont l'annexe naturelle ? On aurait pu comprendre que l'Australie s'opposât à l'établissement de la France aux Nouvelles-Hébrides, si la Nouvelle-Calédonie n'était pas un pays français. Mais il y a une question de fait contre laquelle viennent se briser tous les raisonnements : la France est chez elle, on ne peut lui interdire le seuil de sa porte.

Vous avez une seconde question à me poser :

Pourquoi la France a-t-elle pris l'initiative de la convention de 1878 ?

Sur ce point, mon embarras à vous répondre égale la

surprise qu'a dû vous causer la proposition du Gouvernement français. Je ne puis vous expliquer ce qui est inexplicable.

Mais quelle valeur a cette convention dont vous arguez contre la France ?

Les deux Gouvernements ont déclaré n'avoir pas l'intention de changer les conditions d'indépendance des Nouvelles-Hébrides.

Cette déclaration a-t-elle les caractères d'une convention diplomatique, au sens ordinaire du mot? Est-il bien exact de dire qu'il s'agit, dans l'espèce, d'un *engagement solennel?* Quel nom faudra-t-il réserver aux traités internationaux si une simple déclaration est qualifiée de convention internationale ayant, *dans un avenir indéterminé,* tous les effets d'un traité solennel ?

Si, au lieu de faire cette déclaration malencontreuse, le Gouvernement français avait donné l'ordre d'établir son pavillon sur les Nouvelles-Hébrides, ni l'Angleterre, ni l'Australie n'auraient songé à présenter la moindre objection.

Le Gouvernement britannique eût été d'autant moins fondé à faire obstacle à l'annexion effective des Nouvelles-Hébrides par la France, qu'il venait lui-même de s'emparer des îles Fidji, sur lesquelles il n'avait aucun droit de possession.

Et, depuis, le Gouvernement britannique n'a-t-il pas rompu l'équilibre des possessions respectives des deux nations dans les mers du Sud en partageant avec l'Allemagne la Nouvelle-Guinée et les îles Salomon ?

Il faut reconnaître qu'il a su tirer le meilleur parti de la situation qui lui était faite si bénévolement. S'autorisant de la liberté d'action que lui laissait cette soi-disant convention de 1878, il a nommé sir Arthur Gordon, gouverneur des Fidji, High Commissioner des South sea Islands, — ce qui lui donnait juridiction sur les Nouvelles-Hébrides. Le premier acte de ce fonctionnaire était une circulaire adressée aux colons de ces îles, leur enjoignant de faire enregistrer et viser par les autorités anglaises les titres d'achat des propriétés acquises par eux aux Nouvelles-Hébrides. En outre, il les informait qu'il était prêt à leur accorder l'autorisation de recruter des travailleurs indigènes dans l'archipel Néo-Hébridais, pour les besoins de leurs exploitations.

Cette politique était claire et nette. Les Anglais étaient trop pratiques pour ne pas comprendre la portée des avertissements qu'on leur donnait. La circulaire du gouverneur des Fidji signifiait clairement ceci :

« Achetez des terres aux Nouvelles-Hébrides, nous « vous en garantissons la propriété et nous vous cou« vrons de notre protection. »

Les Anglais ont montré par des faits qu'ils avaient sainement interprété les intentions de leur Gouvernement.

Certes, vous êtes autorisé à dire dans votre livre ce que je lis à la page 114 et suivantes : « De grandes « étendues de terre y sont — aux Nouvelles-Hébrides « — aux mains de sujets britanniques ; c'est avec de « l'argent anglais qu'ont été bâties des églises, des « écoles et des stations de missionnaires. On n'y compte « presque pas d'habitants de nationalité française. »

Oui, tout cela a été parfaitement exact en 1882, mais ne l'est plus en 1887.

Vous avez pu croire, de bonne foi et en l'absence de documents officiels, que vous aviez retracé très fidèlement, dans les lignes citées plus haut, la situation respective de l'Angleterre et de la France aux Nouvelles-Hébrides. Si elle était telle que vous le dites, je n'aurais que faire de protester contre les prétentions de l'Australie. Nous serions coupables d'incurie et d'imprévoyance si nous avions laissé le champ libre à nos concurrents et nous n'aurions qu'à nous en prendre à nous-mêmes si, par notre faute, la situation en 1887 était telle que vos compatriotes l'ont créée en 1882. Dans ce cas, je serais le premier à dire ce que vous avez voulu établir plus haut, à savoir que « là où sont les intérêts doit « être la domination ».

C'est tout à fait mon sentiment, et je suis heureux d'être sur ce point en communauté d'idées avec un esprit aussi distingué que vous, Monsieur.

Mais permettez-moi de vous dire et de vous prouver que la situation de 1882 a été modifiée du tout au tout et qu'à cet égard vous avez été induit en erreur.

Que s'est-il donc passé dans ces cinq dernières années? Un fait considérable : les colons français de la Nouvelle-Calédonie, comprenant le danger et instruits par la manœuvre si adroite de votre politique, s'en sont approprié les méthodes.

Une Compagnie française des Nouvelles-Hébrides a été fondée à Nouméa avec le concours des principaux habitants de la Nouvelle-Calédonie, unis dans une pensée commune de solidarité et de préservation.

Depuis sa fondation, cette Compagnie a acheté environ 300,000 hectares de terres détenues par des nationaux anglais et dont les titres de propriété étaient enregistrés par les autorités britanniques, soit aux Fidji, soit en Australie. En même temps, des négociations étaient ouvertes avec les chefs de tribus, et 400,000 hectares environ de terres étaient acquis successivement des indigènes.

Des colons français envoyés par la Société française de colonisation se sont établis, par les soins de cette Société, dans l'archipel. Des centres de colonisation agricole ont été formés. Des cultures se sont développées rapidement. Des comptoirs ont été ouverts. Un service postal a été créé pour faciliter les relations commerciales entre les Nouvelles-Hébrides, centre de production, et Nouméa, entrepôt naturel des produits de l'archipel Néo-Hébridais. Des missionnaires catholiques se sont installés côte à côte avec les missionnaires anglicans.

En outre, des troupes ont été débarquées sur deux points occupés par nos nationaux.

C'est même là le principal grief articulé contre la France.

Permettez-moi de vous dire, Monsieur, que si les Australiens n'étaient pas aveuglés par la passion, ils reconnaîtraient que, par cette mesure de préservation et de prudence, la France a empêché le retour des massacres d'Européens et des actes de cannibalisme dont les Nouvelles-Hébrides ont été trop souvent le théâtre. Depuis une année, la tranquillité la plus parfaite règne dans ces îles. La France a donc fait ainsi œuvre d'humanité et de civilisation dans un pays sur lequel elle a des droits incontestables.

Voilà, en peu de mots, l'œuvre accomplie, et par

l'initiative privée, de 1882 à 1887. A l'heure actuelle, l'élément français a absorbé presque complètement aux Nouvelles-Hébrides l'élément anglais.

Ce sont là des faits dont la réalité est facile à vérifier. Si vous pouviez concevoir le moindre doute à cet égard, il vous suffirait, pour être édifié, de vous renseigner auprès des délégués australiens à Londres. Il n'en est pas un qui puisse contester l'authenticité des renseignements que je me suis fait un devoir de porter à votre connaissance.

De cet état de choses, je tire cette conclusion, rigoureusement logique : vous avez argué de l'infériorité de nos intérêts aux Nouvelles-Hébrides pour protester contre les prétentions de la France sur ces îles. Si l'argument avait quelque valeur en 1882, il n'en a plus en 1887. Bien au contraire, je serais en droit de le retourner contre vous et de vous dire, à mon tour, ce qui est le fond de votre pensée et la base de votre argumentation : « La domination appartient à qui représente les « intérêts les mieux établis. »

II.

Je crois vous avoir montré, Monsieur, que, ni en fait, ni en droit, l'Australie n'est fondée à s'opposer au maintien de la France dans l'archipel Néo-Hébridais.

Mais il ne suffit pas de vous avoir convaincu de l'excellence de nos droits et de l'inanité des prétentions élevées par les colonies australiennes. Il y a conflit d'intérêts entre votre pays et la France : il faut s'appliquer à en trouver la solution.

Cette solution est-elle dans l'effacement volontaire de la France devant les revendications injustifiées de l'Australie ?

Je n'examinerai pas cette hypothèse invraisemblable.

Est-ce les armes à la main que la question doit être réglée ?

Vous avez vous-même écarté cette seconde hypothèse, quand vous avez dit dans votre livre : « C'est une chose « grave de chercher querelle à la France à propos d'une « île dont nous n'avons que faire, et que nous avons « refusée à plusieurs reprises. »

Vous savez mieux que moi que, dans la situation actuelle de l'Europe, nos deux pays ont de plus graves sujets de préoccupation que cette médiocre affaire des Nouvelles-Hébrides qui peut et doit, à mon sens, trouver sa solution dans un arrangement transactionnel.

Ce ne serait pas la première fois que des difficultés du genre de celles qui divisent momentanément la France et l'Angleterre auraient été résolues par des concessions réciproques.

L'Angleterre ne tient pas, ainsi que vous l'avez dit, et ne peut pas tenir aux Nouvelles-Hébrides. Elle obéit simplement à la pression non justifiée des délégués australiens et des missionnaires presbytériens.

Or, recherchons, si vous le voulez bien, ce qui se cache sous les prétendus griefs des uns et des autres.

Les missionnaires font dans l'archipel Néo-Hébridais une propagande religieuse très active, très ardente même. Je ne saurais blâmer les missionnaires de chercher à gagner les indigènes des Nouvelles-Hébrides au christianisme. Mais ce que je ne puis approuver, ce sont les excitations auxquelles ces mêmes indigènes sont en butte de la part de vos prédicants, excitations qui ont pour but avéré de prêcher moins la foi chrétienne que la haine des Français.

A cet égard, permettez-moi, pour vous édifier sur les sentiments qui animent vos missionnaires, de vous recommander la lecture d'une lettre du Rév. J. G. Paton, un des plus anciens et des plus ardents apôtres de la confession protestante aux Nouvelles-Hébrides.

Dans cette lettre, qui a été lue à la Convention fédérale tenue à Sydney en décembre 1883, le Rév. J. G. Paton disait en substance : « Mon œuvre aux Nouvelles-Hébrides, depuis plus de 20 ans, a été d'inculquer aux indigènes la haine des Français et du catholicisme. »

L'aveu est bon à retenir. — Que prouve-t-il ? Que, depuis la prise de possession de la Nouvelle-Calédonie par les Français, les missionnaires anglais aux Nouvelles-Hébrides ont modifié leur politique. Ils ne se sont plus contentés d'évangéliser les Canaques, ils ont travaillé *per fas et nefas* à saper d'avance nos droits et notre influence sur cette annexe naturelle de la Nouvelle-Calédonie.

Il est bon de vous faire remarquer, Monsieur, que l'Australie n'a émis aucune prétention sur les Nouvelles-Hébrides jusqu'au jour où vos missionnaires sont venus l'agiter par de nombreuses réunions populaires, dont vous trouverez les comptes rendus dans les journaux australiens. Je vous signale particulièrement un des derniers meetings, qui fut tenu à Sydney, dans l'église Saint-Étienne, et qui avait pour but de protester contre l'annexion des Nouvelles-Hébrides par la France. Ce meeting, tout à fait solennel, était présidé par le Rév. James Cosh, qui était assisté du Rév. J. G. Paton (missionnaire presbytérien aux Nouvelles-Hébrides), du Rév. M. Gill (missionnaire de la Société des Missions de Londres aux Nouvelles-Hébrides) et des Révérends Dr Heel, Dr Gilchrist, J. M. Rose, J. F. Henderson, W. S. Frackleton, J. Copeland.

Vous pourrez lire le compte rendu de cette réunion si caractéristique dans le *Sydney Morning Herald* du 2 avril 1886.

Je n'ai pas besoin d'ajouter que je n'aurais pas la moindre difficulté à démontrer l'inexactitude des affirmations des différents orateurs. Il ne me convient pas de soulever un débat à ce sujet. J'ai voulu simplement vous faire remarquer que les missionnaires anglais sont les premiers responsables de l'agitation qui se produit autour de la question des Nouvelles-Hébrides.

Passons à l'hostilité des colonies australiennes.

Le motif en est plus grave. Je le reconnais et j'ajoute même qu'il est le seul sérieux.

Les colonies australiennes redoutent que les Nouvelles-Hébrides ne deviennent un lieu de relégation pour les récidivistes.

Je comprends cette préoccupation. Pour ma part, je n'aurais pas été éloigné de donner raison à leurs doléances. Mais, par leurs injustes prétentions, les délégués australiens, loin de chercher à cette question un règlement équitable, semblent avoir pris à tâche de l'envenimer chaque jour davantage.

J'ai lieu de penser cependant que toute chance d'arriver à un arrangement amiable n'est pas encore perdue. Il dépend du Gouvernement britannique de porter le débat sur ce terrain et d'ouvrir de nouvelles négociations dans ce sens.

Les pourparlers actuellement engagés en vue de la création d'une commission navale mixte, chargée d'exercer la police dans l'archipel Néo-Hébridais et d'assurer la protection des nationaux Anglais et Français, ces pourparlers ne sauraient aboutir à un arrangement de quelque durée. L'exercice d'un *condominium* présente toutes sortes de difficultés pratiques, de dangers même. Ce sera une source de conflits perpétuels, de rivalités personnelles. Comment régler les différends multiples que feront naître le choc des intérêts et le frottement des personnes de nationalités diverses, obéissant à des lois qui ne sont pas les mêmes ?

Accepter ce régime dans un pays comme les Nouvelles-Hébrides, c'est vouloir, de gaîté de cœur, aller au-devant de complications nouvelles dans une affaire qui est déjà fort embrouillée.

L'établissement d'un régime mixte, qui équivaut, dans l'espèce, à un partage d'influence, c'est-à-dire à un affaiblissement d'autorité, est la pire des solutions.

Le partage des territoires qui composent l'archipel vaut-il mieux ?

Je ne le pense pas. Il me paraît très difficile de soumettre ce groupe d'îles de si petite étendue à deux nationalités différentes.

Je ne vois pas comment pourrait s'effectuer un partage équitable ; cependant je ne nierai pas que cette solution ne puisse être examinée. Si défectueuse qu'elle m'apparaisse, je la préférerais de beaucoup au maintien du *statu quo*. Il n'est pas admissible que les Nouvelles-Hébrides soient les seuls points du globe où les intérêts matériels ne soient garantis par aucun gouvernement, où la sécurité des personnes ne soit pas assurée d'une façon permanente et où la civilisation ne puisse être protégée par aucun organisme social.

Je me résume.

Il faut, au plus vite, mettre fin à un état de choses mal défini, précaire et dangereux, qui n'a que trop duré.

Comment ?

Le *condominium* est une erreur diplomatique.

Le partage du territoire est une opération difficile, pour ne pas dire impossible, et une source de conflits pour l'avenir.

L'abandon par la France serait la négation même du droit et de la justice.

Reste une transaction sur les bases suivantes :

L'Angleterre consentirait à l'abrogation des engagements réciproques de 1878. Elle pourrait établir son protectorat sur les Banks et les Santa-Cruz. De son côté, la France prendrait possession des Nouvelles-Hébrides et s'obligerait à cesser la relégation dans les mers du Sud.

Un arrangement de cette nature donnerait satisfaction aux intérêts en cause, c'est-à-dire aux droits indiscutables de la France, aussi bien qu'aux justes réclamations des colonies australiennes, en ce qui concerne la population pénale du Pacifique.

C'est, croyez-m'en, Monsieur, la solution équitable qu'il faut s'appliquer à faire prévaloir.

Je ne doute pas qu'après avoir mûrement réfléchi vous n'arriviez à cette conclusion.

Je me plais à espérer que vous userez de la légitime autorité dont vous jouissez dans votre pays pour faire accepter par les pouvoirs publics de la Grande-Bretagne une transaction dont le principal mérite est de terminer honorablement le conflit qui divise nos deux nations, au grand dommage de l'œuvre civilisatrice entreprise par la France aux Nouvelles-Hébrides.

Veuillez agréer, etc.

John Higginson.

Nous devons à l'obligeance de M. Louis Henrique, secrétaire général de la *Société française de colonisation,* l'extrait suivant d'un rapport tout récent de M. Lamaille, agent de la Société aux Nouvelles-Hébrides :

Il y a quatre mois que je suis à Sandwich, en communication constante avec les indigènes et avec les vieux colons de l'île, ainsi qu'avec les capitaines des bateaux qui font le commerce dans tout l'archipel depuis dix ans et plus. J'ai donc pu me faire une idée à peu près exacte du climat et des conditions d'existence, et j'affirme que, si l'on en excepte la Nouvelle-Calédonie, Tahiti et Saint-Pierre-et-Miquelon, qui se trouvent sous une latitude élevée, nous n'avons pas une seule colonie aussi saine que les Hébrides. La Réunion, qui passe pour une colonie assez salubre, est plus malsaine que les Hébrides, et je tiens ce fait des créoles de la Réunion, établis depuis plusieurs années à Sandwich, et qui sont dans une situation assez aisée pour retourner à Bourbon, s'ils le voulaient. L'un d'eux me disait dernièrement : « Je voudrais bien retourner à Bourbon, « mais je crains la fièvre. » C'est typique, quand on considère que les Hébrides passent pour un pays des plus fiévreux.

On reproche aux Hébrides la fièvre, l'anémie et la dyssenterie.

La fièvre ; — elle existe, et toute personne qui séjourne dans les îles est certaine de devenir fiévreuse. La fièvre n'aide pas à supporter les maladies que l'on peut avoir, mais par elle-même, elle n'est pas mortelle. Il n'a pas encore été constaté d'accès pernicieux certain. De combien de colonies françaises pourrait-on en dire autant?

L'anémie ; — mais elle existe dans tous les climats chauds, même à la Nouvelle-Calédonie.

La dyssenterie ; — nous avons eu cette année une épidémie de dyssenterie. J'ai été un des premiers et des plus gravement malades, mais c'était une épidémie, et en Nouvelle-Calédonie, où l'on juge le plus sévèrement les Hébrides, la Commission sanitaire a déclaré que la dyssenterie était endémique en Calédonie.

Il est bien vrai que le climat des Hébrides n'est pas celui que l'on pourrait rêver, où il n'y aurait aucune affection ; mais, si l'on procède comme on doit le faire, par voie de comparaison, et si l'on juge sans parti pris, on reconnaîtra que le climat des Hébrides est relativement sain, et le deviendra peut-être tout à fait quand on aura débroussé, et, en tous cas, qu'il est plus sain que celui de nos colonies africaines ou américaines.

J'insiste sur ce point, parce qu'en Calédonie on s'occupe beaucoup de l'insalubrité des Hébrides, et que ces bruits peuvent trouver de l'écho en France.

Ce qui a donné naissance à cette mauvaise renommée, c'est que, au début, les quelques stations de coprah établies dans les îles, ayant donné beaucoup d'argent, immédiatement les hommes sans travail à Nouméa, se sont faits coprahmakers, mais là où un seul avait réussi, dix se sont établis et n'ont rien fait. Quelques colons ont échoué dans leurs tentatives, soit par inaptitude, soit par paresse, et ont été obligés de rentrer à Nouméa. Il est dans le caractère humain de chercher à atténuer les fautes que l'on a pu commettre, et les personnes revenues sans ressources des Hébrides n'ont pas dit que, si elles n'avaient pas réussi, cela tenait à leur incapacité ou à leur paresse.

Elles se sont empressées de dire que le climat ne permettait pas le travail, et qu'on ne pouvait même pas séjourner aux Hébrides. J'ai toujours recherché les causes des maladies ou des décès, qu'il s'agisse de colons ou d'étrangers, et j'ai toujours constaté que l'intempérance et la débauche entraient pour beaucoup dans les cas de maladies sérieuses ou de décès. Dans mon dernier rapport, je vous ai donné les causes de décès pour chaque colon mort. J'avais dit que je ne connaissais pas la cause pour M. Mitard ; j'ai eu des renseignements depuis : le médecin militaire qui a soigné M. Mitard a déclaré qu'un poumon était complètement détruit, et l'autre fortement endommagé. A son arrivée dans l'île, Mitard était donc phthisique à la dernière période. Je ne comprends pas du tout le pessimisme des rapports officiels qui sont adressés au ministère, et je suis d'avis que tout colon, jouissant d'une bonne santé, travailleur, peut venir aux Hébrides. Mais, si l'on veut réussir, et éviter les déboires qui se sont produits récemment, il faut faire un choix parmi ceux qui demandent à venir. En ce moment, il faut des cultivateurs, et chaque fois que vous enverrez un bureaucrate, un peintre, ou un marchand de fleurs en perles, c'est une dépense qui ne produit pas, car, au bout d'un mois, il abandonne sa concession, et je serai obligé de le faire rapatrier jusqu'à Nouméa. En second lieu, il est utile de voir si, non seulement, le colon jouit d'une bonne santé, mais encore s'il peut supporter un climat chaud, car telle personne d'un tempérament lymphatique, qui se porte bien en France, deviendra malade aux Hébrides. Il est indispensable que les envois de colons se fassent de mai à octobre. Les colons envoyés d'octobre à mai, c'est-à-dire pendant la saison des pluies, n'auront pas le temps de s'acclimater, auront la fièvre en arrivant, et se trouveront dans des conditions tout à fait défavorables; ceux envoyés de mai à octobre pourront s'installer et rester plusieurs mois sans avoir la fièvre.

Avec des colons sérieux, on arriverait avant deux ans à coloniser les Hébrides. J'ai foi en l'avenir de ce pays : culture d'abord, et ensuite industrie et mines.

Quand la *Société de Colonisation* aura donné les 10,000 hectares qui lui sont concédés, l'influence anglaise sera entièrement anéantie. Jusqu'à présent, la moitié de l'île ou à peu près, a été convertie au protestantisme, et, quoique sous l'influence des missionnaires anglais, les convertis, que je connais, ne sont nullement hostiles aux Français, et, par suite des relations qui vont s'établir, seront facilement amenés à la cause française. J'ai des relations personnelles très amicales avec le chef et les notables de la tribu de Vila, non convertie, et je fonde l'espoir qu'à un moment donné nous pourrons nous servir de cette tribu. Une seule tribu, Mélé, est hostile à tous les blancs, qu'ils soient Anglais ou Français. Ils ont accueilli avec froideur les missionnaires français, mais, dans le même temps, ont failli assommer à coups de casse-tête les missionnaires anglais qui ont eu quelque peine à se sauver. Les indigènes de cette tribu diffèrent, non seulement des autres Canaques de l'île, mais encore du type général de l'archipel, et on peut reconnaître en eux une origine polynésienne. Le type est plus beau et plus fort. Ces indigènes contestent les achats de terrains faits par la Compagnie ; mais je crois que la Compagnie a raison. Ce qui me confirme dans cette opinion, c'est que des indigènes de Mélé m'ont fait voir eux-mêmes les limites vraies. Seulement, dans cette île, il y a une espèce de révolution. Le chef est obligé de s'incliner devant quelques meneurs, et, malheureusement, la partie batailleuse est la plus forte.

Il serait bon de transférer le poste de Port-Havannah à Mélé ; la Compagnie calédonienne serait disposée, je crois, à construire les baraquements nécessaires. Mais, que cette combinaison soit, ou non, agréée, dès que la police indigène sera organisée, je créerai le centre de Mélé ; je crois qu'on pourra faire un village important à cause de la baie, peut-être le noyau d'une ville.

TABLE DES MATIÈRES

PREMIÈRE PARTIE. — POLYNÉSIE.

L'archipel Gambier.

L'archipel des îles Tuamotus.

L'archipel des îles Marquises.

L'archipel Tubuaï.

L'île Rapa.

DEUXIÈME PARTIE. — MÉLANÉSIE.

Les archipels des Nouvelles-Hébrides, de Banks et de Santa-Cruz.

Nancy, imp. Berger-Levrault et Cie.

Nancy, imp. Berger-Levrault et Cie.

www.ingramcontent.com/pod-product-compliance
Ingram Content Group UK Ltd.
Pitfield, Milton Keynes, MK11 3LW, UK
UKHW021843190726
13855UKWH00001B/121